マネックス証券 チーフ・ストラテジスト
広木 隆
HIROKI TAKASHI

キャリア
30年超の
マーケットの
プロが教える

利回り5%配当生活

かんき出版

まえがき

2024年は能登半島地震、羽田空港での航空機衝突事故と波乱の幕開けとなりました。

ところがこの「まえがき」を執筆している1月半ば現在、株式相場では、そうした重苦しい雰囲気を吹き飛ばすかのような快進撃が続いています。

日経平均はバブル崩壊後の高値を連日で更新。もしかしたら本書が書店に並ぶころには史上最高値に迫る水準にまで株価が上昇しているかもしれない。そんな期待も抱かせるような2024年の始まりです。

誰がこんな展開を予想できたでしょうか？　**私は予想していていました**。1年前に出した2023年末の予想は3万6000円。暦《こよみ》で半月、営業日にすれば7日後ずれしただけです。

この本を書き始めた２０２３年10月。その頃、日本の株式市場は、調整局面にありました。２０２３年の途中から株式投資を始めた人たちにとっては、初の試練であったかも知れません。

日経平均株価は２０２３年３月あたりから上昇トレンドに乗って、７月３日に高値、３万３７５３円をつけました。その頃、「ちょっと株式に投資してみよう」などと考えて、手元の余裕資金で株式に投資した人も多かったのではないでしょうか。

ところが、そこから全然、株価が上がらなくなってしまいました。日経平均株価は上がったり、下がったりを繰り返しながら下降トレンドになり、10月４日には一時３万４８７円まで下げてしまったのです。

「なんだ、株ってやっぱりダメじゃん」

２０２３年前半の上昇局面で株式投資を始めた人の中には、そう思った方もいたでしょう。

そのとき私はそういう人たちに、次のように申し上げたいと思いました。

「株は上がるものなのです」と。

確かに、2023年7月から秋口にかけての株価の推移を見て、「株価って本当に上がるの?」と疑問に思った人もいるでしょう。

でも、それは**わずか3カ月間の株価の値動きを見て判断しているだけに過ぎません**。株価を見るときには、もっと長い時間軸で見るのが肝心です(2024年の株価が好調にスタートしたように)。

「アベノミクス」を覚えていますか。故安倍元首相が打ち出した経済政策のことです。賛否両論ありますが、少なくとも**株価にとっては正義**でした。そのアベノミクスがスタートする直前、2012年6月時点の日経平均株価は、8238円という安値を付けていました。2024年1月に日経平均株価は3万6000円をつけるに至りました。実に4・4倍になったということです。

「米国の経済は絶好調だし、GAFAのような魅力的な成長企業もたくさんある。米国株投資のほうが儲かりそう」という人が一時期、急増しました。いや、いまもそのように考える人は多くいます。その証拠に米国を代表する株価インデックスである、S&P500への連動を目指すインデックスファンドが人気を集めています。

図1　**NYダウと日経平均の推移**（2013年10月末から10年間）

出所：マネックス証券

でも、２０１３年10月31日から２０２３年10月31日までの株価上昇率を比較してみてください。この間の日経平均株価は１１５・38％の上昇で、Ｓ＆Ｐ５００は１３８・75％でした。ちなみにニューヨーク・ダウ工業株30種平均は１１２・61％で日経平均株価に負けています。ちなみに同期間の株価上昇率で日経平均株価を大きく上回ったのは、ナスダック総合指数の２２７・86％でした。

日本株も捨てたものではないことが、この数字からもお分かりいただけるのではないかと思います。

もっと長い期間で見てみましょう。

日経平均株価が過去最高値をつけたの

は、１９８９年12月の３万８９１５円でした。日本経済がバブル経済の真只中にあったときです。そこから日本経済のバブルが崩壊し、不良債権問題による金融不安が広まり、企業業績も悪化して株価はどんどん下げていきました。そして２００８年のリーマンショックによる世界的な金融不安の最中に、日経平均株価はバブル後最安値である７０５４円まで値下がりしました。２００９年３月10日のことです。１９８９年12月の過去最高値から見て81％も値下がりしたことになります。

そこからしばらく底値を這うような値動きを続け、前述したアベノミクスによって、**日本の株価は蘇りました**。そして今や、もうあと一歩で過去最高値を更新するところまで来ているのです。早晩、**そう遠くない将来、日経平均株価は過去最高値を更新して、４万円台に乗せると見ています**。

今、日本の株式市場には2つの点で大きな変化が見え始めています。

ひとつは、**「株価は右肩上がりに上昇するものだ」と理解している世代が増えてきたこと**です。

恐らく今、50代で株式投資をしている人たちは、日本の株価が右肩上がりで上昇す

図2　日経平均の推移（1989年12月から現在まで）

出所：マネックス証券

るなどということは、夢にも思っていないのではないでしょうか。そのくらい、この30年以上に及ぶ株価低迷は、この間に株式投資を始めた人たちの株価の見方に、大きな影響を及ぼしたのです。

多くの人は、少し株価が上昇すると、すぐに下落へと転じる相場を見続けてきましたから、株価は一定のボックス圏で上昇・下落を繰り返すものと認識しています。このような認識を強く持っている投資家は、どうしても短期で売買を繰り返しがちになります。「値下がりする前に利益を確定させなければ」と思っているのですから、それは当然の投資行動といっても良いでしょう。

ところが、この10年くらいで株式投資を始めた人たちは、株式市場に対して全く違う理解をしています。それは、**株価は上がり続けるものだという理解**です。実際、この10年は上昇相場が続いていますから、この間に株式投資を始めた、特に若い人たちは、株価が右肩上がりで上昇することに、何の疑問も抱いていません。私の知り合いの若い運用担当者と話をすると、「運用を始めてからずっと株価が上昇しています！」と言う人が少なくないのです。彼らは株価が右肩上がりで上昇を続けることに疑問を持たないので、株価が下がったときに買い、それを長期間、保有するというスタンスで、株式投資に臨んでいます。このような「相場観」が広まれば、株価が下落に転じたとしても、我先に逃げようとしてさらに投げ売りをするような投資行動が抑えられ、逆に**下がったところを買おうとする投資行動が顕在化していきます**。これが株価の暴落を抑え、株価が上昇し続ける力につながっていくのです。

もうひとつの変化は、**インフレ経済になってきたこと**です。詳しくは後述しますが、日本経済はバブル経済の崩壊から長期にわたって続いてきたデフレ経済を脱し、インフレ経済に転換しようとしています。

なぜ、日本の株価は30年以上にわたって下げ続けてきたのでしょうか。その最大の要因はデフレ経済にあります。そのデフレ経済が終わり、インフレ経済に転換したとするならば、明らかに日本の株価は上昇に転じるでしょう。

では、このように株式市場を取り巻く環境が大きく変わってきたなかで、私たちは特に資産形成において、どのような戦略を考えるべきなのでしょうか。

改めて言うまでも無く、**投資すべき対象は株式**です。なかでも私は、日本経済を取り巻く環境変化に注目していますから、日本株の今後に大いに期待しています。

もちろん、日本株に投資するとしても、さまざまな投資スタンス、投資手法があります。本書では、これから資産形成をしようと考えている人たちにとって、最も有効と思われる手法を紹介しています。最後までお付き合いいただけると幸いです。

2024年1月

広木隆

キャリア30年超のマーケットのプロが教える　利回り5％配当生活　目次

第2章 なぜ日本の高配当株が期待できるのか

第3章

高配当株投資の鉄則

第4章 新NISAを活用した高配当株投資

第5章 損しない買い方・売り方・選び方

第6章 有望銘柄31選

本書の内容は、2024年1月時点のものです。本書の内容は筆者個人の見解であり、筆者が所属する企業や業界全体の見解ではありません。また、情報の利用の結果として何らかの損害が発生した場合、著者および出版社は理由のいかんに問わず、責任を負いません。投資対象および商品の選択など、投資にかかる最終決定は、ご自身の判断でなさるようお願い致します。

編集協力：鈴木雅光
図版作成：室井明浩
ブックデザイン：秦　浩司

第1章

2024年の世界経済を駆け足でおさらい

デフレ経済からインフレ経済へ

本書の「まえがき」で簡単に触れたように、私はこれからの日本の株価は上がっていくものと考えています。

ひとつは**「株価は右肩上がりに上昇するものだ」と理解している若い世代が増えていること**であり、もうひとつは日本経済が**「デフレからインフレへ」**移行していることを、その理由として挙げました。

このうち前者については、「まえがき」で説明したので、後者についてここで少し詳しく考えを述べます。

デフレとは、物価が継続的に下落していく経済現象のことです。

22ページの図3はバブル経済だった1989年から直近までの消費者物価指数の推移です。消費者物価指数とは、私たち生活者が日々、モノやサービスを購入するのに適用される価格を指数化したものです。

ここでは、**「生鮮食品およびエネルギーを除く総合（コアコアCPI）」**という区分の消費者物価指数を用いいました。生鮮食品の値段は天候などに、そしてエネルギー価格は国際政治情勢などに影響される部分が大きく、それらは景気とは関係のない要素で物価を動かすことがあるため、純粋に景気と物価の関係を見る場合、攪乱《かくらん》要素になる恐れがあるからです。

コアコアCPIの推移をみると、1989年から1990年半ばにかけては、前年同月比で2〜3%台の上昇率を維持していました。

しかし、バブル景気の崩壊によって人々の消費意欲は後退し、CPIの前年同月比の上昇率は低下し、1995年5月には、1971年以降で初めてマイナスに転じました。

とはいえ、1990年代後半にかけてはITバブルによる一時的な景気浮揚があったのと、1997年4月から消費税率が3%から5%に引き上げられたこともあり、一時的にコアコアCPIの前年同月比は2%台まで上昇。ところが、長続きはせず、1999年10月から2007年10月までの8年にわたり、消費者物価指数は下落を続

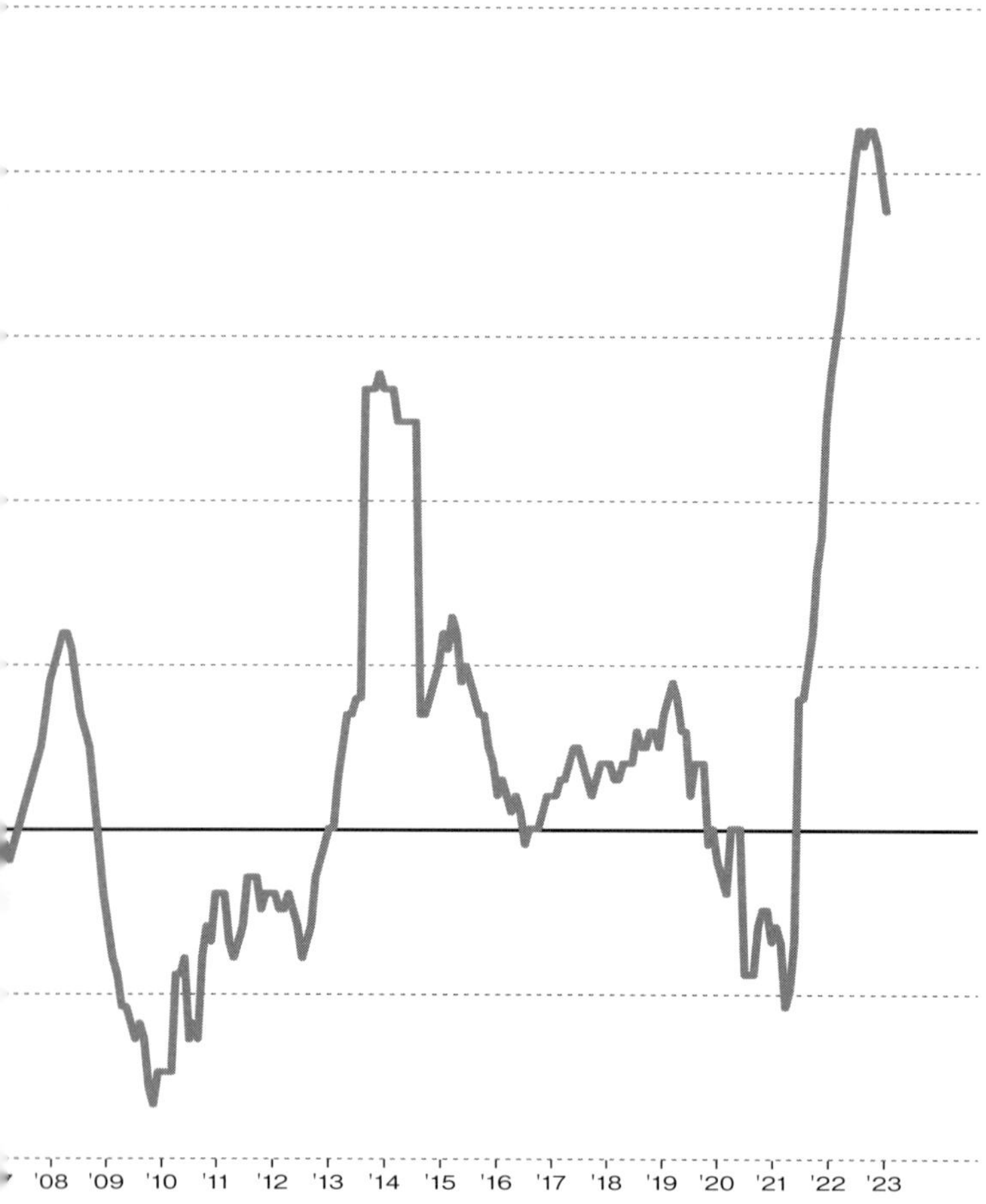

出所：総務省統計局より

図3　**日本の消費者物価指数**（コアコアCPI、前年同月比%）

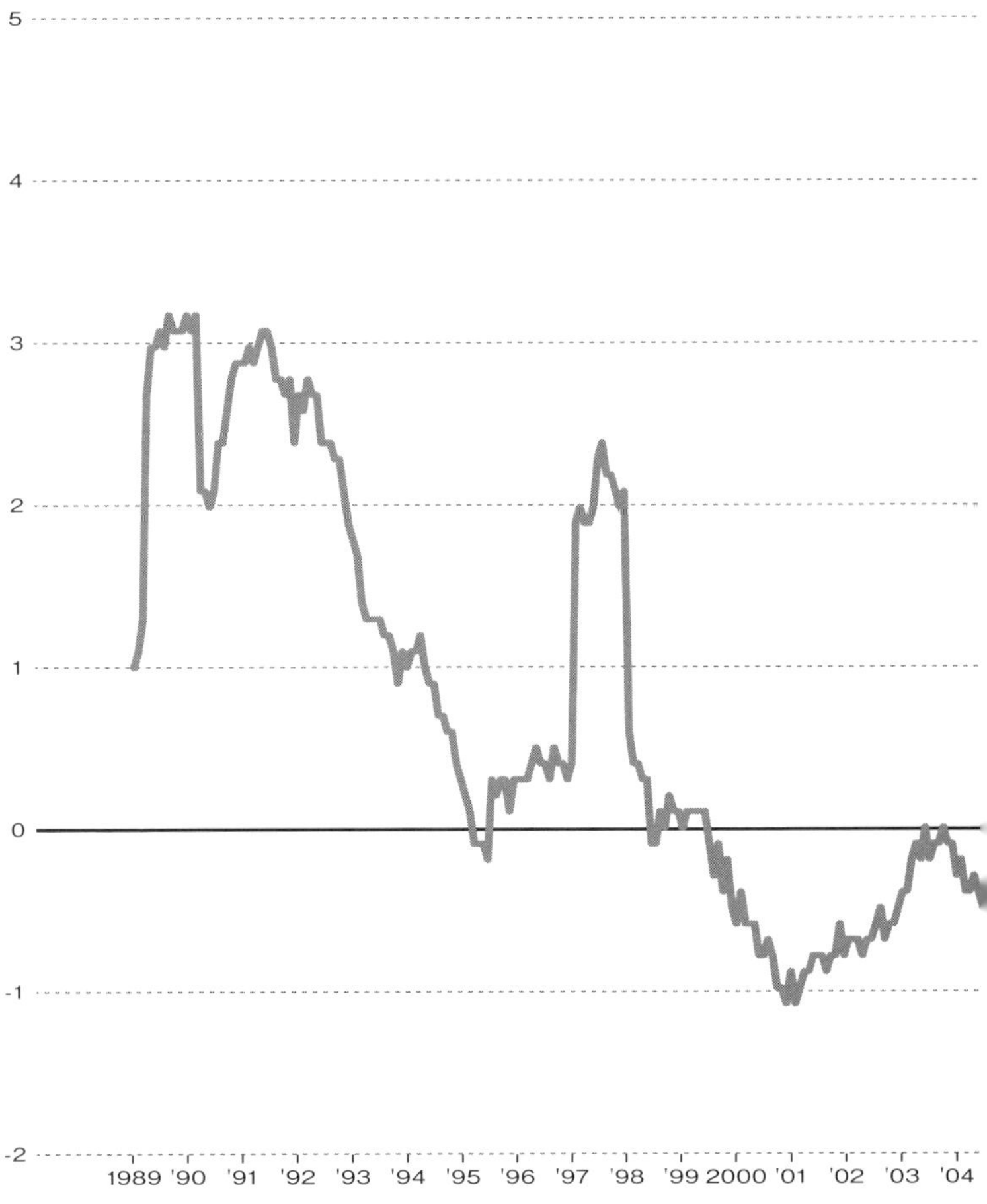

けました。

そして、ようやくそこから脱するかと思いきや、２００９年5月から再び消費者物価指数はマイナスに転じ、この状況が２０１３年7月まで続きました。この間の日本は、本格的なデフレ経済に入っていたのです。

長期化したデフレ経済と同じ文脈で語られるのが、**「超低金利」**です。今、20代から30代前半の人たちは、物心が付いたときから、すでに「金利のない世界」で生活してきたはず。銀行にお金を預けても、利息が全く付かない状況しか知らないと思います。

このデフレ局面で日銀は金融を緩和し、ついには金利ゼロ、さらに金利がマイナスという異常事態となるまで金利を引き下げました。

デフレ経済が持つもうひとつの側面は、**金利が無くても実質的な利回りが上昇するということにあります**。実質とは名目値から物価上昇率を差し引いた数値を指します。つまり、**物価下落によって**、資産運用のことなど一切考えなくても、**現金の価値が上**

図4　**デフレの時代は、モノの値段が下がる**

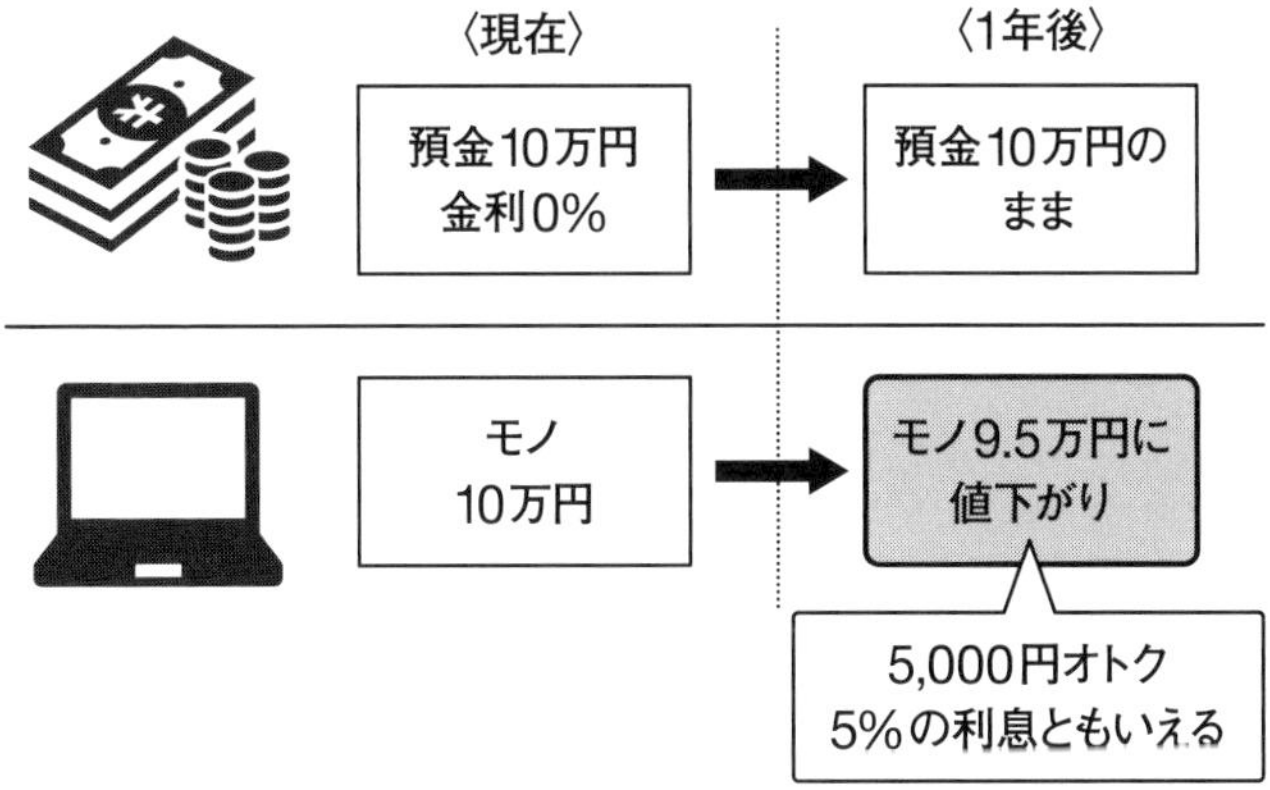

昇していくのです。

　たとえば預金利率が年0・1%だったとしましょう。預金の利率は物価上昇率などが全く加味されていない名目値です。

　ところが物価が2%下がったとするならば、実質的な利回りは0・1%－（－2%）ですから、2・1%で運用できたのと同じ理屈になります。預金の利率がほぼゼロだったのにもかかわらず、多くの人が預金にお金を置いたままにしておいた理由が、これです。

いよいよ日本も脱デフレ

しかし、このデフレ経済ともお別れする時期に突入したのではないかと考えられます。日本はデフレ経済を脱して、いよいよインフレ経済に移行しようとしています。

それは、前掲のグラフを見ていただければ一目瞭然です。新型コロナウイルスの感染拡大に伴う経済の停滞によって、一時的にデフレ的様相を呈したものの、２０２２年の春先から**消費者物価指数はプラスに転じ、短期間のうちに４％台まで上昇しました。**

消費者物価指数以外にも、デフレ経済からインフレ経済に転換したのではないかということを伺わせるデータがあります。

たとえば**「需給ギャップ」**。需給ギャップとは日本経済の需要と供給のギャップを示しているもので、この数字がプラスになると物価が上がりやすくなります。需要ギャップはコロナ禍で経済活動が制限された２０２０年に大幅なマイナスになって以来14四半期連続でマイナスが続いていますが、あとほんの少しでプラスに転換するところまで改善してきました。

さらに**「単位労働コスト」**という一定量のモノを作るのに必要な労働経費を示す指標も、プラスに転じてきました。

このように、物価を見るための各種指標がインフレに転じたことを示しているのに加え、**私たちのマインドも、徐々にインフレを許容し始めています**。

東京大学大学院経済学研究科の渡辺努教授が２０２３年5月に発表した「5カ国の家計を対象としたインフレ予想調査」によると、「あなたがいつも行っているスーパーでいつも買っている商品の値段が10％上がったとします。あなたはどうしますか」という設問に対する回答で、かつては「その商品をその店で買うのをやめる。その商品を値上げせずに売っている別な店を探す」という回答が多かったのですが、ここ1、2年の傾向としては、**「何も変わらない。それまでと同じように、その店でその商品を同じ量、買い続ける」**という回答が多くなってきました。つまり消費者自身も、この**インフレを受け入れ始めている**のです。

日銀はかねてから、消費者物価指数で2％の上昇率を実現するという目標値を掲げたうえで、金融緩和政策を続けてきました。少なくとも表面上の数字で見れば、すでに2％というインフレ目標は達成していますし、その点で考えれば、そろそろ金融緩和も終わりに近づいていると考えることができます。

日銀の政策変更で金利は上がる？

金融緩和が終了するということは、金利が上昇に転じることを意味します。実際、このところ日銀はイールドカーブ・コントロール（YCC）の見直しを断続的に実施しています。YCCが導入されたのは2016年9月のことで、そのときに行われたのは、以下の2点でした。

①短期金利については、政策金利にマイナス金利を適用する。

②長期金利は10年物国債利回りが0％程度で推移するように長期国債を買い入れる。

これらを実施してきたのですが、2021年3月から10年国債利回りの変動幅を0％から±0・25％程度に、2022年12月から±0・5％程度に、2023年7月からは1％までの上昇を容認するというように、徐々に長期金利の上昇を妨げない方向に、政策の見直しが行われてきました。

そして2023年10月の金融政策決定会合では、ついに1％を超える取引も容認することに、植田和男日銀総裁が言及しました。これにより、11月2日に行われた10年物国債の入札で、最高落札利回りが0・915％まで上昇したのです。

10年物国債利回りとは、いわゆる「長期金利」のこと。以下、長期金利という言葉で統一していますが、日銀がＹＣＣの長期金利の変動幅を段階的に拡大させていくなかで、債券市場で取引される長期金利も上昇傾向をたどってきました。

その結果、定期預金の利率にも変化が生じてきています。これまでメガバンクと呼ばれる大手銀行が扱っている定期預金の利率は、預入金額の多寡、預入期間の長短に関係なく、年0・002%が適用されていました（普通預金の利率は年0・001%）。

ところが、長期金利の上昇を受けて、徐々に満期までの期間が長い定期預金の利率を引き上げる動きも出てきました。

2023年11月1日からは三菱UFJ銀行が、10年物定期預金の利率を年0・2%まで引き上げました。他のメガバンクも同様に、満期までの期間が長い定期預金の利率を引き上げる方針を打ち出しています。

2022年春以降、消費者物価指数が上昇したことによって、銀行に預けていた資産の価値は目減りしました。

たとえば2023年8月の消費者物価指数（コアコアCPI）は、前年同月比で4・3%上昇しました。これは2022年8月から2023年8月までの1年間で、消費者物価が4・3%も上昇したことを意味します。

では、この間に自分の資産を全額、1年物定期預金で運用していたとしたら、どうなるでしょうか。

2022年8月から2023年8月までの1年間預けた定期預金の利息は年0・002%です。ということは、定期預金だけで資産を運用していた人は、**この1年間で**

資産価値が４・２９８％も目減りしたことになるのです。

しかし、それとは逆にこれから金利上昇が本格化し、定期預金などの預金利率が物価上昇率を上回れば、全財産を預金に置いておくだけで、インフレリスクをヘッジできるようになります。恐らく、そのような期待感も、少しずつ高まっていくのかも知れません。

まだまだ金利のみでは資産形成は不十分

果たして、その期待は叶うでしょうか。

残念ながら、その可能性はほとんどありません。なぜなら、確かに物価は上昇していますが、今の日本は、**預金利率が１％を超えて２％、３％というように上昇するような環境にはない**からです。

物価上昇と金利上昇の関係は、人々の間に景気の先行き期待が高まり、消費が活発になり、企業も増産体制を整えるために設備投資を行い、それらの結果としてモノとカネに対する需要が高まり、物価上昇と金利上昇が同時に進むのが理想です。

でも、自分の身の回りも含めてよく考えてみてください。日本の景気はそこまで好調でしょうか。

一部のお金持ちは、相変わらず積極的に消費しているかも知れませんが、多くの普通の人たちは、節約モードを完全に解除しているとは思えません。なぜなら、物価上昇率以上に賃金が増えていないからです。名目上の賃金から物価上昇分を差し引いた実質賃金は、2023年11月時点で前年同月比3・0%減。20カ月連続のマイナスです。

2024年の春闘では2年連続の大幅な賃上げ率が見込まれており、うまくいけば**今年の秋以降に実質賃金はプラスに転換する可能性があります**。

しかし、だからといって実質賃金がその先も継続的に高まっていくような見通しは描けません。こうした状況では、やはり日本の金利が大きく上昇するとは考えられないのです。実際にエコノミストの予想でも金利の見通しは低く抑えられており、日本経済研究センターが２０２４年１月にまとめたエコノミストによる予想では、今後の長期金利見通しで最も多かった回答は24年末が１・０〜１・１％、25年末が１・０〜１・１％と１・２〜１・３％でした。

世界的インフレの要因は、コロナと戦争

このように、消費が盛り上がるような環境でないのにもかかわらず、なぜ物価が上昇しているのかというと、それは外的な要因によるものです。

新型コロナウイルスの感染拡大で、２０２０年から２０２２年までの世界経済は、主要都市におけるロックダウンなどにより、その動きをほぼ停めました。一時的とはいえ企業の売上が蒸発してしまい、背に腹は代えられなくなった多くの企業は、レイオフを実施。働き手が大幅に減ったところで、経済が正常化に向かったため、生産量が少ないまま需要が急拡大するという状況に直面したのです。当然、これは物価の上

昇圧力を強めます。

加えて、2022年2月に勃発したロシアによるウクライナへの侵攻も、物価に影響を及ぼしました。西側諸国の経済制裁への対抗策として、ロシアは資源・エネルギーの輸出禁止を実施したため、原油価格が大きく上昇したのです。イスラエルによるハマスとの大規模戦闘も、紛争の場所から言えば原油価格の上昇につながります。原油価格の上昇は、ガソリン価格に影響を及ぼし、物流や製造にかかるコストを引き上げます。こうしたコストの上昇分も、製品の価格に反映されるため、物価を押し上げる要因になります。

円安の影響も無視できません。2021年1月時点では1米ドル＝103円前後で推移していた米ドル／円は、2023年10月には1米ドル＝151円台という円安水準になっています。2年9カ月で、円は米ドルに対して31・78％も減価したことになります。特に日本のように、海外から資源・エネルギー、食糧などを輸入している国は、自国通貨が安くなると国内物価が上昇します。海外旅行に出かけて使えるお金が

図5　**ドル円チャート（月足）**

出所：マネックス証券

少なくなるというだけではないのです。

このように、日本で物価が上昇している要因を分析すると、外的要因によるものが多く、決して国内の景気が強いからというわけではないことが分かるでしょう。日本はデフレ経済から完全に脱したわけではなく、経済そのものはまだ病み上がりの状態にあります。

そのなかで日銀が金融緩和政策に終止符を打ち、長期金利の上昇を容認するだけでなく、政策金利のマイナス金利を解除したりすれば、たちどころに日本経済は失速し、再びデフレ経済に転じてしまう恐れもあります。

結局、低金利がしばらく続く

日銀は2023年12月19日に開いた金融政策決定会合で、大規模な金融緩和策の現状維持を決めました。

大半のエコノミストは現状維持を予想していましたので、順当な結果だといえます。それにもかかわらず、円相場は1日で2円ほど円安・ドル高方向に振れました。12月18日夕方時点の円相場は142円40銭前後でしたが、日銀が金融政策決定会合の結果を公表した直後の19日正午に143円台後半を付け、植田総裁の記者会見中の午後4時ごろには144円台まで円安が進みました。つまり、為替市場では今回の結果は「軽いサプライズ」で、円を売り戻す動きが出たということです。

その背景には植田総裁が2024年1月に、マイナス金利の解除を予告するという予想があったからです。

しかし、それは市場が勝手に「前のめり」になり過ぎていたということでしょう。今回のような市場の過剰期待・過剰反応は相場には「つきもの」ですから、良し悪しを議論しても始まりませんが、一般の投資家がこうした短期的な乱高下に振り回されないためには、しっかりと日銀のスタンスとその判断の基礎となるファンダメンタルズを確認しておくことが肝要であると思われます。

そういう微妙な状況にあることから考えれば、恐らく日本の金利がどんどん上昇していくようなことはなく、現在の低金利はまだ当分の間、続くものと考えられます。

ここで皆さんに申し上げたいのは、これからは**インフレ経済の下で低金利が続くという状況を想定したうえで、資産運用を真剣に考える**必要があるということなのです。

第2章

なぜ日本の高配当株が期待できるのか

資産は「置き場所」で増減する

前述したように、デフレ経済の下では物価が下がるので、超低金利の預金にお金を置いたままでも、お金の価値は目減りしません。それは全く金利が付かない現金で持っていても同じです。デフレは物価との見合いで、相対的にお金の価値を高める作用があるので、資産運用のことを考えなくても大きな支障はないと言えます。

ところが**インフレの下では話が大きく変わってきます**。物価は上がっていきますから、保有している現金を、物価上昇率を上回るリターンを生み出す資産にしないと、現金のままではその価値が目減りしてしまいます。

これまで「資産運用なんて、ちょっとお金を持っている人がやるべきことだろう」、あるいは「資産運用をしてみたいけど、もう少しお金が貯まってからにしよう」などと思っていた人は、大勢いらっしゃるのではないでしょうか。

でも、そんな悠長なことを言っている時間は、もうありません。今すぐにでも重い腰を上げて、資産運用を始めるべきです。

図6　**インフレの時代は、モノの値段が上がる**

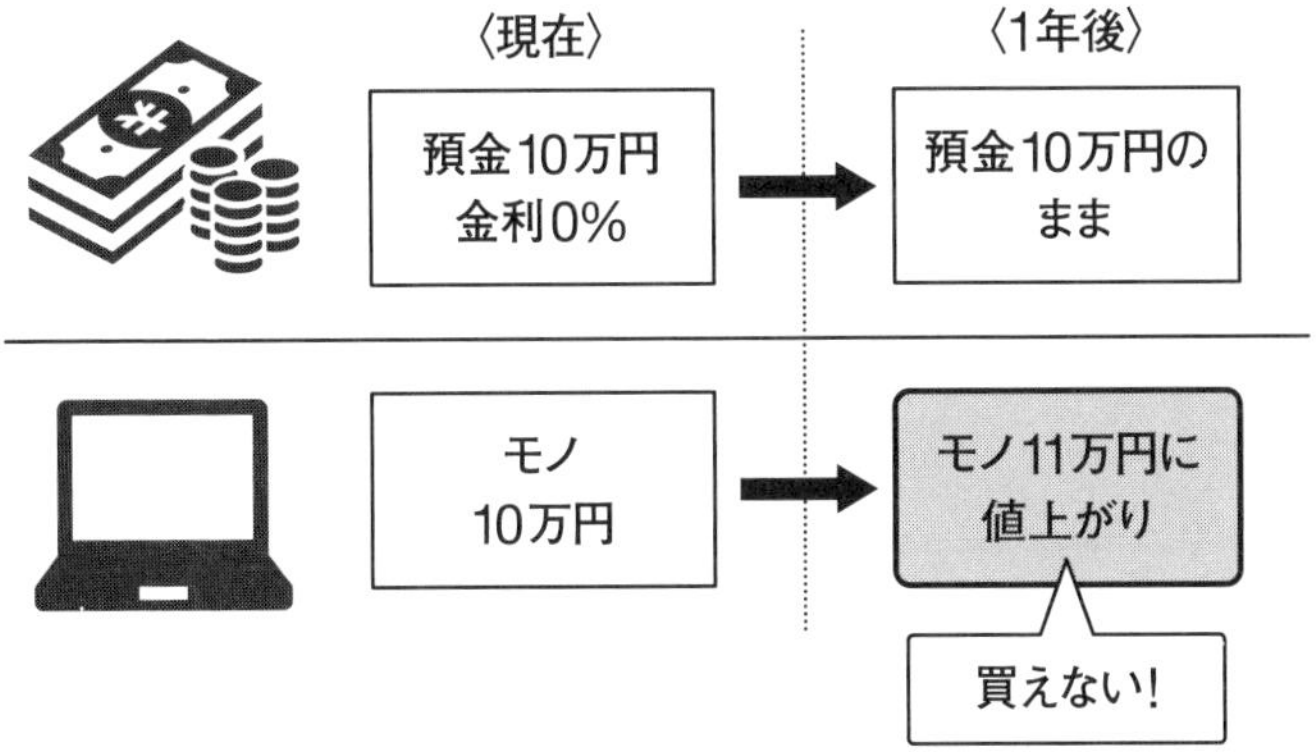

一番の理由は、インフレが定着する可能性が高まっているにもかかわらず、低金利が続きそうだからです。

かつて物価が大きく上昇しているときは、それ相応に預貯金の利率は高めに設定されていました。

しかし、これからの時代は、金利が上昇しない中で物価が上がっていく可能性が高まっています。だからこそ、**お金をどこに置いておくかが、とても重要になってくる**のです。

タンス預金などもっての外ですし、銀行預金ではお金の価値の目減りを抑えることはできないでしょう。だからこそ、インフレに強いと言われている資産に注目する必要があります。

では、インフレに強い資産とは何でしょうか。

一般的には株式、不動産、金などのコモディティが、インフレに強い資産と言われています。

とはいえ、これらのうち何を選んでも良い、というわけではありません。それぞれにリスクやリターンの質が異なりますし、少額資金で投資しやすいかどうかなど、さまざまな違いがあります。それらの点を見極めたうえで、自分のライフスタイルなどに合った資産を選ばなければなりません。

株がインフレに強いわけ

では、インフレに強い資産は何かを考えてみましょう。

まず**金（ゴールド）**です。地金《じがね》型金貨や金地金（延べ棒）などさまざまな形態の金があり、簡単に買うことができます。金がインフレに強いとされるのは、それ自体がモノだからです。インフレはモノの値段が上がることですから、モノである、金の値段も上昇しやすくなります。

加えて国内金価格は円建てですが、その値動きには為替変動が加味されるので、昨今のように円安がインフレの一要因であるときには、国内金価格も円安につれて値上がりします。これらの理由から、金はインフレリスクのヘッジに有効と考えられています。

ただ、金は利息を生みません。あくまでも金という「物質」なので、株式の配当や債券の利金のような**「インカムゲイン」**は全く発生しないのです。利益を得るためには、あくまでも価格変動によるしかありませんが、金価格が今後、値上がりするのか、それとも値下がりするのかは、誰にも分かりません。場合によっては、価格が半額になることもあります。正直、長期的な資産形成の対象としては、いささか不確実性が高すぎる感があります。

不動産は、物価が上昇すると土地の値段が上がり、それゆえにインフレリスクをヘッジできるなどと言われてきましたが、正直、どの土地でもそれが当てはまるとは限りません。昨今のように、地方から大都市圏への人の移動が活発化しているなかでは、確かに大都市圏の一等地では地価上昇が実際に起っていますが、地方都市の小さい町になると、むしろ地価は値下がりする一方ということもあります。

最近はワンルームマンション投資なども流行っていますが、たとえワンルームマンションといえども、最低投資金額は1000万円超になるのが普通です。不動産という単一の資産クラスだけで、自分の保有資産ポートフォリオの大部分を占めてしまうのは、リスク管理の観点からも、あまり望ましい分散の仕方とは言えないでしょう。

もし不動産を自分のポートフォリオに組み入れたいのであれば、ワンルームマンション投資やアパート経営のような現物不動産に投資するのではなく、**不動産投資信託（J-REIT）**に投資することをお勧めします（REITについては後述）。

最後は**株式**です。株式もインフレに強い資産のひとつと言われています。株価には企業価値が反映されます。企業価値とは、さまざまな見方はあるものの、端的に言えば業績が向上し、利益が積み上がることです。

売上や利益は名目上の数字です。たとえば1個1000円の商品が1億個売れると、売上は1000億円になります。利益率が10%だとしたら、利益は100億円です。

ところが、物価が上昇して商品1個あたりの値段が1200円になったとします。すると、売れる個数が同じ1億個だとしたら、売上は1200億円になります。全く同じ商品が同じ個数売れたとしても、インフレでモノの値段が上昇すれば、それだけで売上が大きく伸びるのです。同時に利益も増えます。

株式がインフレに強いと言われる理由がこれです。企業価値が売上や利益を反映したものだとしたら、インフレは企業価値を上げる要因のひとつになります。そして、株価は企業価値を反映するため、**インフレは株価を押し上げる要因のひとつになる**と考えられるのです。

また、株式には他の資産にはないメリットがあります。

まず少額資金で購入できることです。銘柄によって株価は千差万別ですから一概に言えませんが、最低取引株数は100株単位なので、仮に株価が1000円だとしたら、最低投資金額は10万円で済みます。そのうえ、最近は端株といって、1株単位での取引を実現している証券会社もあるので、仮に1株の株価が1万円くらいする値嵩《ねがさ》株でも、１株単位で売買できれば、金額は１万円です。

手前みそで恐縮ですが、マネックス証券が扱っている**「ワン株」**は、その代表的なサービスのひとつ。１株単位で売買でき、特に30代以下の世代で高い人気があります。買付手数料が無料という点も、大きな魅力です。

次に**インカムゲインが得られる点も株の魅力のひとつ**といえるでしょう。株式投資というと、株価の値上がり益を狙うものと思っている人も多いでしょうが、配当というインカムゲインも得られます。

配当は、その会社が得た利益から法人税を支払って残った税引後利益のうち、一定割合を株主に還元するというものです。この税引後利益のうち何%を配当するかを示すのが**「配当性向」**です。仮に税引後利益が50億円で、配当性向が40%であれば、20億円が配当に回されます。

そして、１株あたりの配当を株価で割って求められる数字が**「配当利回り」**になります。もし株価が１０００円で、配当金額が50円だとしたら、この株式の配当利回りは５%になります。

図7　配当性向と配当利回りの計算

配当性向（%）＝配当支払い総額 ÷ 税引後当期純利益×100

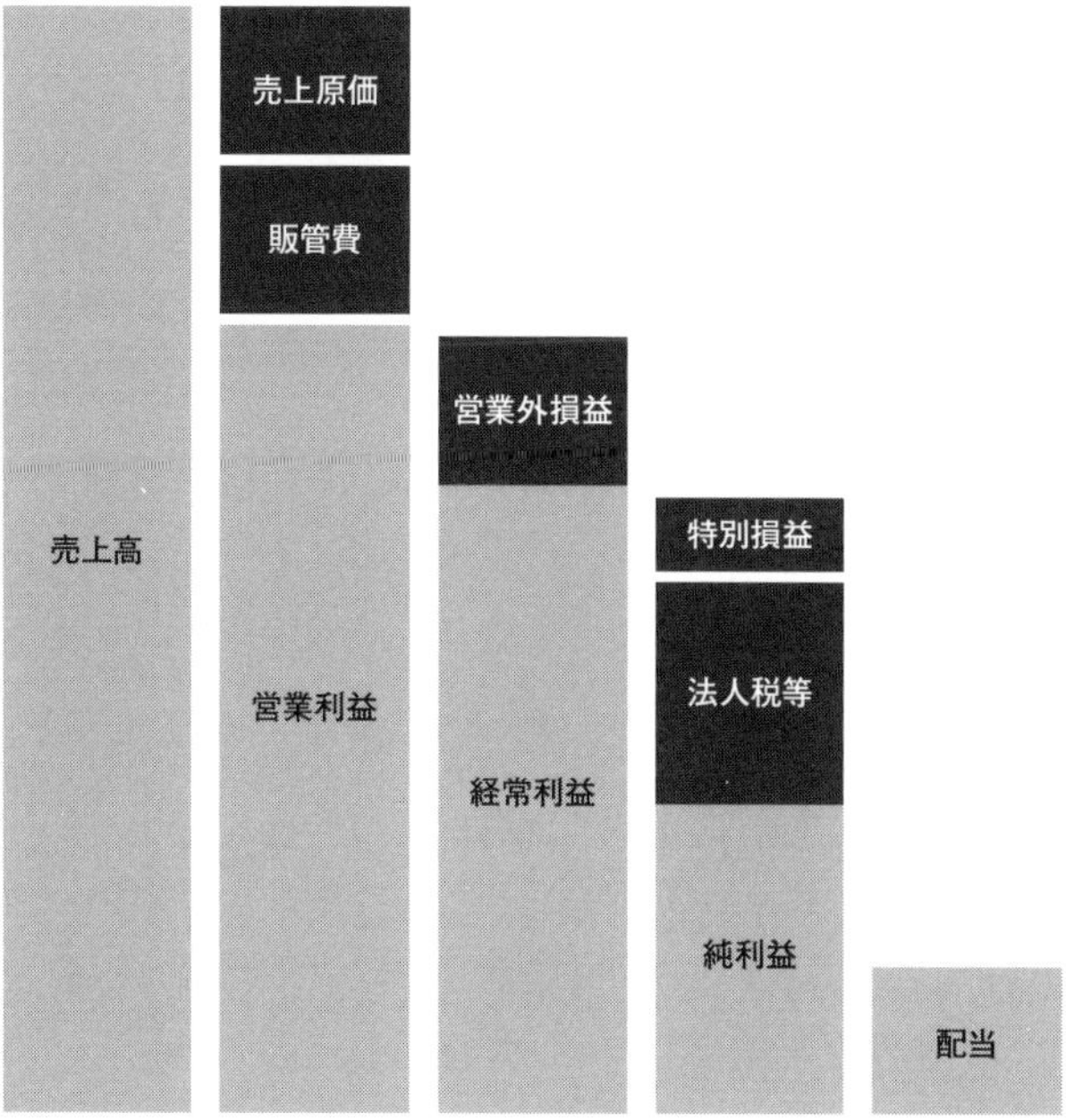

$$\text{配当利回り 5\%} = \frac{\text{配当50円}}{\text{株価1000円}} \times 100$$

詳しい話は後述しますが、株式投資で得られるリターンは、株価の値上がり益と、この配当の2つになるのですが、株価はさまざまな要素によって決まるので、値上がり益のほうは不確実性が高くなります。これに対して**配当は、通常であれば急激に増えたり減ったりしないので、確実性の高いリターンになります**。

本書は、この確実性の高いリターンである配当を上手に生かして、資産形成をする方法を考えるところに狙いがあります。

金や不動産なども、確かにインフレリスクをヘッジすることは可能ですが、最も手軽に、誰もが利用できるのが株式投資。自分が持っている資産をインフレから守るためには、まず株式投資を軸にして考えることが大事なのです。

キャピタルゲインとインカムゲイン

株式投資によって得られるリターンにはキャピタルゲイン、つまり値上がり益と、インカムゲインである配当の2つがあります。

このうち、より大きなリターンが期待できるのはキャピタルゲインです。株価が本格的に値上がりすれば、20%、30%の値上がり率どころの話ではなく、銘柄によっては数倍程度まで値上がりするケースもざらにあります。

ただ、問題はキャピタルゲインが極めて不確実性の高いリターンであることです。株価は上がるだけでなく、下がることもあります。それも、どこまで下がるかを予測することは不可能です。値上がり益にしても、どこまで値上がりするかは誰にも分かりません。まだ値上がりすると思っていたのに、急に値下がりに転じてしまい、せっかく得ていた利益が大きく目減りしてしまうこともあります。

その点、インカムゲインである配当は、キャピタルゲインに比べてはるかに確実性の高いリターンです。企業にとって、配当が減る「減配」は、出来ることなら避けたいことのひとつです。過去、1株につき50円の安定配当を継続しているのだとしたら、出来れば次の決算でも同じ50円配当か、もしくは55円、あるいは60円というように増配したいと考えます。

逆に減配という事態になると、配当が減るだけでなく、その企業の株も投資家の失望感から大きく売られることになります。

企業としては、出来るだけ株価を値上がりさせたいと考えているので、失望売りによる急落は避けたいと考えています。あまり良い例ではありませんが、「タコ足配当」といって、十分な利益がないにもかかわらず、多めの配当を出すケースもあります。そのくらい企業としては減配を避けたがるため、配当はキャピタルゲインに比べて、得られる確度の高い収益と言えるのです。

個人が株式投資するに際しても、配当を重視した戦略は非常に有効だとするのは**「配当に関する情報」の確実性が高いから**です。

東証プライム市場に上場されている全銘柄の平均配当利回りは、単純平均で見ると2・26％（2023年10月現在）です。これは平均値なので、もちろんもっと高い配当利回りの銘柄もあります。たとえば2023年11月2日時点の株価で見ると、配当利回りが5％を超えている銘柄数は31銘柄を数えます。そのなかで最も高いのが、**タチエスという会社で、配当利回りは5・68％**です。

これだけ配当利回りが高ければ、3％前後のインフレ率であっても十分にカバーで

図8　**FIREのイメージ**

資産7500万円を年4%で運用

↓

毎月25万円を受け取れる※

※税金などは考慮していません

きます。このような高配当利回り銘柄をポートフォリオに組み入れることによって、まずはインフレをヘッジするのです。

このような高配当銘柄への投資は、ここ数年、流行のＦＩＲＥに馴染む投資法のひとつとも考えられています。

ＦＩＲＥとは、Financial Independence Retire Earlyの略で、自分が持っている金融資産などから得られる運用収益を生活費に充て、経済的な自由を獲得するというライフスタイルのことです。

仮に毎月の生活費が25万円だとしましょう。これを年４％の利回りで得られるようにするには、元本がいくらあれば良いでしょうか。毎月25万円ということは、年間３００万円です。３００万円を４％で割ると、７

５００万円になります。７５００万円を年４％で運用できれば、いっさい働くことなく、毎月25万円の生活費を得ることができるのです。

こんな生活をしたいかどうかは、人それぞれの考え方なので、ここでその是非について触れることはしません。したい方はすれば良いでしょう。もちろん７５００万円の元手を作るには大変な努力が必要ですが、実際にそれだけの資産を築くことが出来れば、それを４％の配当利回りが得られる株式に投資することによって、ＦＩＲＥは十分に実現可能なのです。

「配当」を重視する企業側の思惑

これまで日本の株式市場では、ほとんど配当が重視されませんでした。なぜなら、配当の額そのものが少なかったからです。

理由はいろいろ考えられます。

まず、日本の高度経済成長による影響です。もちろん、高度経済成長が悪いと言っているのではありません。ただ、1950年代半ばから1980年代にかけての日本は、戦後の焼け野原から世界第2位の経済大国にのし上がったことからもお分かりのように、世界にも類を見ない、高い経済成長を実現してきました。

その間、日本の企業も物すごい勢いで成長していきました。このように高い成長が続くような企業は、むしろ配当をせずに、さまざまな投資をすることによって、より成長しようとします。配当はしないけれども、企業が成長する分だけ株価が大きく値上がりするので、キャピタルゲインで投資家に報いると言う考え方です。

それに加えて、コーポレートガバナンスという考え方が、日本企業にはほとんど浸透していなかったことも、配当が少なかった理由のひとつでしょう。

本来、企業は株主のものですが、日本の場合、株主軽視の考え方が長いこと定着していました。利益がたくさんあれば、それを株主に還元するべきなのですが、日本企業の場合、なぜかその利益でもって豪華な保養施設を造って社員の余暇に供するとか、社長以下の経営陣が、専属の秘書付きで豪華な役員室を持ち、移動はすべて社用車で、といった時代が長く続いたのです。２０２３年にも、ある上場企業において前社長と前々社長による会社経費の私的流用が発覚したばかりです。

こうしたことに対して株主の監視の目が届かなかったのは、お互いの利害関係で結びついた銀行や保険会社、あるいは系列企業の間で、お互いの株式を持ち合っていたからです。「まあまあ、お互い様なんだから、何も言わないってことにしましょう」という話です。

こうした悪しき慣習が蔓延していたため、多くの日本企業は株主を軽視して、配当を増やさないまま、内部留保を積み上げてきました。

しかし、もうそのようなことを言っていられない時代になってきました。

２０１４年にスチュワードシップ・コードが、そして２０１５年にコーポレートガバナンス・コードが策定されたことにより、企業側はコーポレートガバナンスを意識した経営をしなければならなくなり、同時に企業に投資する機関投資家は、株主としての本来の役割を全うするための原則を適用されることになりました。

加えて、それらをさらに加速させるため、２０２３年3月31日付で東京証券取引所が、「資本コストや株価を意識した経営の実現に向けた対応等に関するお願いについて」という事実上の要請を行いました。この資料によると、「プライム市場の約半数分、スタンダード市場の約6割の上場会社がROE8％未満、PBR1倍割れと、資本収益性や成長性といった観点で課題がある状況」であると指摘しました。簡単に言うと、**上場企業として存続したいのであれば、ROE8％以上、PBR1倍以上になるような経営努力をしてください**、ということなのです（ROE、PBRについては次項で）。

2023年に入って、日本株は大きく上昇しました。日経平均株価や東証株価指数などの株価インデックスもさることながら、特にPBRが1倍を割っていて、豊富な現金を持っている、株価が割安に放置されている企業に対して、一気に買いが集まったのです。それはPBR1倍割れを改善するためにはROEを向上させなければならず、それには増配などが必要になるという連想が働いたからに他なりません。

先ほど「株主軽視の考えが長く定着した」と述べました。

しかし、大昔からそうであったわけではありません。株式会社の草創期であった明治時代、日本企業の配当性向は高く、株式は人々の資産形成に重要な役割を果たしていました。

当時の日本企業の株主に名を連ねたのは、富裕な個人の資産家。彼らは同時にその企業の取締役となって業務の執行を担っており、配当と役員賞与は企業の利益に連動し、獲得した利益の大部分が配当として払い出されていました。

会社四季報（東洋経済新報社）が初めて発刊された1936（昭和11）年。当時の四季報によれば、配当性向が50％を割るような企業はほとんど見当たらず、80〜90％の企業も珍しくありませんでした。その状況を変えてしまったのは戦争です。資源の限られた日本が大国と戦争するには、株式会社が獲得した資本を市中に分散させるわけにはいかなくなったからです。

国家総動員法は度々配当規制を行い、額面の5％以上の配当が実質的に禁止されました。配当が得られないなら個人の株主は企業から離れていきます。こうして日本企業のガバナンスは戦争によって大きく変化してしまったのです。

このように時代とともに会社と株主の関係も変化してきています。

ROEとPBRの関係を理解する

なぜPBRを改善するためには、ROEを向上させなければならないのでしょうか。このロジックを理解していただくために、まずROEとは何か、ということから説明していきます。この2つの指標は、**投資する企業を選ぶうえで大切なものなので、ぜひ押さえてほしい知識**です。

ROEはReturn On Equityの略で、**「株主資本（自己資本）利益率」**と言います。

株主資本とは何か、ですが、これは株主から調達したお金とそれを使って稼いだ利益の合計です。過去の利益の蓄積を「利益剰余金」といいます。「株主資本」は「自己資本」や「純資産」ともいいます。これらは厳密には若干異なるのですが、ほぼ同じとしてよいでしょう。ですから貸借対照表の「純資産」の部＝「株主資本」ととらえて問題ありません。

貸借対照表では、左側に「資産」、右側に「負債」と「純資産」の項目があり、負債と純資産を合計した額は、必ず資産の合計額と一致するようになっています。

つまり企業は、銀行からの借入や社債を発行して調達した負債と、純資産を用いて、収益を生み出すための資産を構築し、ビジネスを展開しています。それを一覧できるようにしたのが、貸借対照表です。

ROEで大事なのは、貸借対照表の右側の「純資産」。仮に純資産が100億円ある企業が、その年、10億円の純利益を生み出したとします（純利益とは、法人税を納めた後の利益）。ROEは、この純利益を純資産で割って求められます。この企業の場合、

ROE＝10億円（純利益）÷100億円（純資産）＝0・1＝10％

となり、ROEは10％ということです。

次にPBRについてお話しします。

PBRはPrice Book-value Ratio の略で、日本語では**「株価純資産倍率」**と言われます。1株あたり純資産の何倍までその会社の株が買われているのかを見るための指

標です。株価を1株あたり純資産で割ることで求めます。たとえば純資産100億円の企業が発行している株式の数が1000万株だとすると、1株あたり純資産は、

100億円÷1000万株＝1000円

になります。そして、この企業の株価が900円だとすると、

PBR＝900円÷1000円＝0・9倍

になります。ここまでのことを整理すると、次のようになります。

ROE＝純利益÷純資産（＝株主資本）

PBR＝株価÷純資産

両者とも純資産に対する「（比）率」です。ROEは**株主から調達した資本に対してどれだけの利益をあげられるか**を率で示すものです。その資本と、資本で稼いだ利益の蓄積が純資産となることはすでに述べました。

PBRは株価、すなわち市場の時価評価額と帳簿上の価格である純資産との対比ですから、言ってみれば**「将来、純資産がどのくらい増えるか」という市場の期待**を織

り込んでいる値と見ることができます。PBRが1・2倍ということは帳簿上の純資産を2割増し（20％のプレミアム）で評価しているということになります。

さて、もう一度、ROEとPBRの定義を確認すると両者とも純資産が分母で、異なるのは分子の「純利益」と「株価」です。

では、分子の「純利益」と「株価」の関係が一定だとすれば、この両者は比例関係にあることが分かります。「純利益」と「株価」の関係を示す指標は**PER**（Price Earnings Ratio, 株価収益率）です。

これらの関係を整理すると次のようになります。

式④から、PERが一定だとすれば、PBRとROEが比例関係にあることがわかります。これが、この項の冒頭で述べた、**「PBRを改善するにはROEを向上させなければならない」**ということです。

図9　**ROEとPBRの関係**

式①
$$\text{ROE} = \frac{\text{1株純利益（EPS）}}{\text{1株純資産（BPS）}}$$

式②
$$\text{PBR} = \frac{\text{株価}}{\text{1株純資産（BPS）}}$$

式③
$$\text{PER} = \frac{\text{株価}}{\text{1株純利益（EPS）}}$$

そうするとこの3者の関係は

式④
$$\text{PBR} = \text{PER} \times \text{ROE}$$

$$\frac{\text{株価}}{\text{1株純資産（BPS）}} = \frac{\text{株価}}{\text{1株純利益（EPS）}} \times \frac{\text{1株純利益（EPS）}}{\text{1株純資産（BPS）}}$$

ROEを上げるために純資産を減らすべきか？

企業のビジネスが順調で毎期、黒字を計上していくと、利益剰余金がどんどん増えていきます。仮に全く配当金を出さなかったら、その期の純利益はそのまま利益剰余金に計上されます。

もし純利益が10億円のまま変わらず、配当しないという状態で何期もの間、事業が継続されていくと、純資産が１００億円から１１０億円、１２０億円……１５０億円というように増えていきます。

結果、純資産が１５０億円まで増え、純利益が10億円のままだとすると、ＲＯＥは、

10億円÷１５０億円＝０・０６＝６％

というように低下してしまいます。

これを防ぐにはどうすればよいでしょうか。利益を内部留保せずにできるだけ多く株主還元（配当や自社株買い）に回せばよいのです。実際、**米国のアップルは毎年、稼**

いだ利益のほとんどを（ときには稼いだ利益以上に）配当と自社株買い充てています。したがって純資産は増えず、かたや利益は巨額ですので、驚異的な水準のＲＯＥを維持しているのです。

純資産の増加を抑制するために配当や自社株買いをする、これがＲＯＥを低下させずに、むしろ高める手っ取り早い方法です。

実際、東証の「資本効率を考えた経営のお願い」が出されてから、増配や自社株買いの発表が目立って増えました。増配や自社株買いは市場に好感されやすく株価にもポジティブのように思われます。しかし、どうして株価にポジティブであるのかは、実は理論的な裏付けがありません。ここではそのようなファイナンス（金融論）のお話をするつもりはありませんが、増配や自社株買いは、理屈の上では株価に中立です。

さらに言うと、「内部留保」をいけないことだとする風潮がありますが、大きな誤解です。つい先日も日本を代表するメディアのコラムで、次のような趣旨のコメントを見ました。

「日本企業の多くは利益を成長への投資やステークホルダー（従業員、取引先、株主など）への分配に振り向けず、内部留保（資本）として必要以上にため込み、資本利益率の低下による株主価値の毀損を軽視している」

一見、まっとうなことを述べられているようですが、内部留保＝資本を増加させるのは、企業価値を増大させることの王道です。

PBRとはなんだったでしょうか？　言ってみれば資本の時価評価のされ方です。簿価である資本をどれだけプレミアムをつけて評価するかというのは、その資本がどれだけ将来的に大きく成長するかという期待の表れです。

企業の成長は利益の再投資によって達成されます。この成長率を**サステイナブル成長率**といい、資本利益率（ROE等）と再投資率（内部留保率）をかけた値です。再投資率（内部留保率）が高ければ、それだけサステイナブル成長率も高くなります。

ROEを高めるために配当を多く払い出して純資産を減らすというのは、再投資率（内部留保率）の低下によってサステイナブル成長率を低下させ、かえって企業の価値評価を低めることにもなりかねません。

米国のアマゾンはまったく配当していません。利益を全額、内部留保に回していますので、株主資本は増加の一途です。ですからＲＯＥはそれほど高くありませんが、時価総額（市場の評価）は言うまでもなく伸び続けています。株主還元より成長のための投資を重視している姿勢を株主が評価している結果です。

さきほどアップルが配当と自社株買いで資本の増加を抑制している例を挙げましたが、アップルが株主還元を始めたのは２０１２年からで、それまでは配当していませんでした。成長をひたすら追求する段階にあったからです。結局のところ、**企業のペイアウト政策（株主還元方針）は、企業のビジネスモデルとライフステージ（成長～成熟）によって決まる**のです。「配当を払って株主資本の増加を抑える」というのは、それが企業にとって良い場合もあればそうではない場合もあるということです。

誤解の多くは「内部留保」というものについてです。多くのひとは「内部留保」という言葉から「企業がため込んでいるもの」と思い込みがちですが、実は「内部留保」は帳簿の勘定としては記載されているものの、どこにも実態はありません。それはすでに「使われてしまっている」からです。「使われてしまっている」というのは多少、正確性を欠きます。正しくは**「振り替わっている」**というべきですね。何に振り替わっているかというと、何らかの資産に姿を変えているのです。社屋、工場、その工場で使われる機械のような設備などです。「使われてしまっている」というと正確性を欠くと述べたのは、現金もそのひとつだからです。

さきほどのコラムの批判で「日本企業の多くは利益を成長への投資に振り向けず内部留保（資本）として必要以上にため込み」というのがありましたが、実際には、**内部留保が現金として保有され、その現金が投資に向かわないということであって、批判されるべきはその点**なのです。

現金は持っていても価値を生みません。ましてやインフレの時代となればますます実質的に価値が減価していくものです。ですから、批判の矛先は内部留保ではなく企業の現金保有であるべきなのです。

使い道のないキャッシュを過剰にため込むだけでは企業価値は上がりません。高い資本コストをかけて調達した資本が貸借対照表の貸方（右）にあり、それが貸借対照表の借り方（左）に何も生み出さない現金の形で存在するなら、その企業はその時点で企業価値を減らしているのも同然です。

ですから、そうした状況であるなら**現金を使って配当を増やす、自社株買いを行う意味はあるでしょう**。そして日本企業は貯めてきた多額のキャッシュを有しています（2022年末で約100兆円と推計）ので、日本企業全体としては余剰キャッシュを配当として払い出す余裕もインセンティブも大きいと考えられます。

実際に**上場企業の配当総額は年々増加の一途をたどり過去最高**です。日本経済新聞が前期と比較可能な上場企業の配当計画（一部市場予想）を集計したところ、2024年3月期の見通しは15兆2200億円となり、過去最大だった2023年3月期の実績を1000億円ほど上回ると報じられています。

東証の要請は企業の株主還元姿勢に変化を与え、それによってPBRの低い企業の株価上昇を促しているは事実です。時価総額が1000億円以上のプライム企業のうち2023年3月末時点でPBRが1倍を割れていた企業の株価上昇率（2023年3月～2024年1月）をランキングすると、株主還元の拡充などで改善に取り組んだ銘柄が上位に並んでいます。

いろいろ述べましたが、**日本の上場企業の株主還元への取り組みは強化され、今後も配当は増加していく**でしょう。配当に着目した投資の手法がますます重要性を増すことは間違いないと考えます。

日本企業の資金余剰が解消へ

本来、企業は自己資金だけでなく、銀行からの借入や社債発行による他人資本で調達し、設備投資などを行います。そのため、マクロ的に見れば、企業の資金フローは基本的に資金不足であり、逆に家計部門は資金余剰の状態でした。

大きな資金フローで見ると、資金余剰である家計部門から、資金不足である企業や海外に、資金を供給するという流れになります。そして企業部門は、1990年代の初めまでは資金不足だったのですが、それ以降は資金余剰に転じていきました。

なぜ資金余剰になったのかというと、投資不足だからです。金融不安で銀行がお金を貸してくれなくなる恐れがあるから、企業は内部留保を高めました。本来なら余ったお金を使って設備投資や人材投資を行うのですが、それもしなかったために、内部留保は現金に積み上がりました。

このように、多くの企業が投資を行わなくなったことが、1990年以降、日本経済が低成長に陥った原因のひとつです。これは、企業の資金過不足の推移と日経平均株価の推移を重ねると明らかです。

企業の資金過不足について、1980年から1991年までの推移をみると、大幅な資金不足になっていることがわかります。当時の日本はバブル景気に沸いていたため、企業がどんどん投資を行ったからです。それが1997年以降、金融不安の高まりと共に資金余剰に転じています。

これを日経平均株価の値動きと重ねると、見事なまでに逆相関であることが確認できます。

言うまでも無く株価は、経済や企業活動の成長性を反映するものです。資金不足になるほどの投資を行い、成長を取りに行っている局面で株価が上昇しているのは、当然のことなのかも知れません。さらにその後の推移を見ると、資金余剰がピークを付けたのが２００３年です。このとき、日経平均株価はほぼ底値に近いところまで下がっています。


ちなみに２００３年がどういう年だったのかというと、５月にりそな銀行への公的資金注入が決まり、バブル経済が崩壊して以降、日本経済の重石になっていた銀行の不良債権問題がいよいよ最終局面を迎えたときでもあります。

こうして銀行の不良債権問題に一応のメドがたち、日本経済は徐々に回復へと向かい始めました。２００８年にはリーマンショックが起こり、再び企業の資金余剰が高まるのと共に、日経平均株価も二番底をつけに行きましたが、そこから企業の資金余剰は減少に向かい、並行して日経平均株価は上昇傾向をたどっています。

それを証明するかのように、日銀が発表している全国企業短期経済観測調査（日銀

図10　**企業の資金過不足と日経平均の推移**

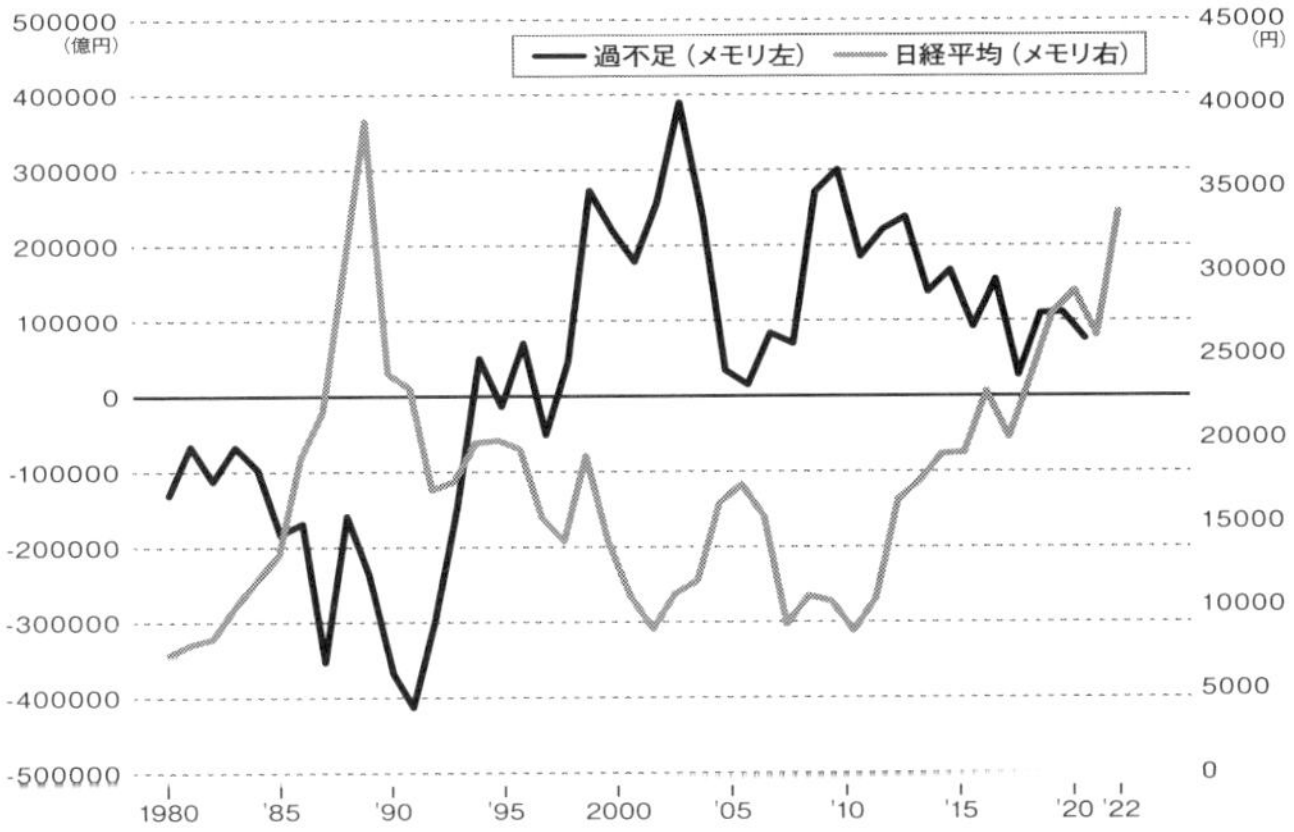

出所：日本銀行のデータから作成

短観）でも、企業の設備投資意欲が極めて旺盛であることが示されています。

設備投資計画を見ると、2023年3月時点の調査では3・9％増まで高まりました。これは過去の推移から見ても異例の高さ。この点からも、日本企業がいよいよ本格的に投資に動き始めたことが伺われます。

企業が設備投資を始めとする投資に動き始めた理由は、インフレの文脈から説明することもできます。インフレとはお金の価値が目減りしていることなので、企業がこれまでのように多額の現金を抱えたままの状態だと、保有資産の価値がインフレでどんどん目減りしてしまいます。そのために投資を積極化しているとも考えられます。

企業にとって大事な構成要素は「人」、「物」、「金」です。このうちデフレ経済の下での企業は、もっぱら「金」を貯めることに重点を置いてきました。それがインフレによって「人」や「物」への投資に資金を振り向け始めたのです。

ディカップリングからディリスキングへ

さらに、日本における設備投資の増強を後押ししているもうひとつの要因が、「ディリスキング（De-risking）」の動きです。

2023年5月に行われたG7広島サミット2023のコミュニケには、対中関係について「ディカップリング（分断）」ではなく**「ディリスキング（リスク低減）」**を基本方針とすることが盛り込まれました。

これまで米国は中国と経済問題で激しく対立し、ディカップリングするなどと言われていましたが、現実問題として、中国を外して世界経済が成り立つのかというと、それはやはり厳しいということなのです。あれだけ激しく対立している米中でも、相互依存が無くなったわけではありません。それどころか、米商務省が発表した貿易統計によると、2022年の対中輸出入額は4年ぶりに過去最高を更新していて、その額は6905億ドルにも達しました。

これは米国に限った話ではありません。欧州はドイツ、フランスを筆頭に中国との緊密な関係を隠そうともしていません。特にフランスのマクロン大統領は、2023年4月に国賓として訪中し、習近平国家主席から盛大な歓迎を受けました。

このように、完全なディカップリングは出来ないものの、とはいえ中国に大きく依存するのは危険だという認識もあり、だからこそ「ディリスキング」なのです。

たとえば半導体工場について、台湾の半導体ファウンドリーである**TSMC**が、日本の熊本県に大規模工場を建設していますし、さらにTSMCの第二工場も、日本国内に建設される予定です。

これは、まさに中国リスクを軽減させるための方策のひとつです。もし中国が台湾を併合してしまったら、世界最大の半導体受託生産が中国の手に渡ることになります。そうなったとき、何よりも大きな経済的被害を受けるのは、米国をはじめとする西側諸国です。

東アジアにおける経済安全保障を考えたとき、日本は重要な拠点だというのが、西側諸国の共通認識になっているのです。このところ冷え切っていた日韓関係に雪解けムードが広がりつつあるのも、この文脈で説明できます。

ここで述べた中国を巡る各国のスタンスの変化は、設備投資やサプライチェーンの再構築といった実際のビジネスにおける投資だけでなく、証券投資の流れも大きく変えています。

2024年年初からの大きな日本株の上昇の背景として、いくつか考えらえますが、そのひとつに**「中国離れ」**という要因があると言われています。

かつて中国が高成長で世界から注目されていたときは、世界の投資マネーが日本を素通りしてみんな中国に向かっていました。これを日米貿易摩擦の時に言われた「日本たたき＝ジャパン・バッシング」になぞらえて、「ジャパン・パッシング（Passing

＝通り過ぎる）」などと言われたものです。

この状況がいまや一変しています。中国のリスクを減らす「ディリスキング」の考え方は、投資の世界でも同じで、グローバルなポートフォリオにおける中国へのアロケーション変更が起きています。そして、**その受け皿となるのがアジアの中ではやはり日本しかない**ということなのです。

さらに中国自身からのマネーも日本株を買っています。そもそも中国の富裕層による日本の不動産投資は従来から活発で、日本の資産は中国マネーの受け皿になってきました。

今の中国は、不動産と株式と、国内資産価格の下落が止まりません。当然、投資家は海外へ投資先を求めますが、従来なら米国株などに投資したものが、現在の米中関係下の米国の外為法規制の強化からそれもままならず、代替として日本株に投資しているという面も強いでしょう。

2024年1月にこんなニュースがありました。中国・上海証券取引所が上場する日経平均株価連動型上場投資信託（ETF）と米国株価指数連動型のETFの売買を一時停止したのです。売買過熱でETFの取引価格が基準価額を10％超上回っており、投資家に損失リスクがあるためと説明しました。

しかし、それは表向きのことで、実際には売買の一時停止は中国当局による資本流出防止策でしょう。上海証券取引所に上場するETFであっても、これは実質的に中国からの資本逃避です。中国の投資家が中国株・香港株を見限って、日本株や米国株投資に走っている構図です。

これを見た**グローバル投資家は、中国のウエイトを引き下げ、日本のウエイトを上げる行動をとるでしょう**。すでにその動きは加速していると考えられます。

このように**グローバルな観点からも日本株の相対的魅力度は増しています**。グローバルな投資家が日本株を評価するポイントはいくつかありますが、最大公約数的に言えば**「割安だ」**という点です。ですから、**グローバル投資家の投資手法としてはバリュー株中心になるでしょう**。これも今後、日本の高配当株がますます良い投資先となる理由のひとつです。

第3章

高配当株投資の鉄則

まずはインフレヘッジ

2023年9月の消費者物価指数上昇率は、生鮮食品とエネルギーを除いた総合で4・2%とかなり高めで推移しています。

この水準がいつまでも続くとは思えませんが、これまで政府・日銀は、2%のインフレ率が定着することを目標にして、金融緩和政策を講じてきました。

2%のインフレ率が定着し、それが仮に10年続いたとしたら、物価水準は単純計算で今よりも20%上昇することになります。これだけ物価水準が上昇するなかで、保有している資産の大半が現金ですと、それも10年間で20%も「目減り」します。目減りというのは、そのお金で買えるモノが減る、つまり購買力が低下するということです。1000万円が実質的に800万円まで目減りしてしまうのですから、その影響は非常に大きいと言わざるを得ません。

これからインフレの時代が来るのだとしたら、何よりも先に、このインフレをヘッジするための策を講じる必要があります。

とはいえ、前述したように日本の金利が大きく上昇する可能性は、それほど高いとは言えません。賃金が大きく増えて消費が伸び、それが物価高につながるという「好循環」になれば、日銀も今の金融緩和政策にピリオドを打つことができます。しかし、今のインフレは原油高や、これまで世界的に物価を安定させてきたグローバル・サプライチェーンの見直し、円安といった外部要因によって引き起こされていますので、前述の好循環が起きても、その持続性には疑問符がつきます。そうなると、国内の景気はまだまだ弱いので金融緩和政策を継続せざるを得ず、一方、外部要因によってインフレが進むとすると、預金や債券などの金利商品では、インフレリスクをヘッジできなくなります。だからこそ、**高配当利回り銘柄への投資**が意味を持ってくるのです。

配当に着目した株式投資は、このインフレ下において有益な手段といえます。なぜなら、株式投資に関する情報のなかでも、**配当は比較的確度の高い情報**だからです。

株式投資のリターンは、トータルリターンから成っています。つまり「キャピタルゲイン（値上がり益）＋インカムゲイン（配当）」です。

このうちキャピタルゲインは、配当に比べてはるかに高いリターンをもたらし得ますが、問題は不確実であることです。リターンがどれだけになるのかが不明なだけでなく、マイナスになることもあります。非常にボラティリティ（変動率）の高い、ハイリスク・ハイリターンであると言えます。

また企業の売上高や利益の情報も、あくまでも予想でしかなく、どれだけ厳密に予想を立てたとしても、それが必ず的中する保証はありません。ROEの情報も、常に変わり得るものです。株式投資に関するさまざまな情報の多くは、このように不確実性が高く、それをどれだけきちっと予測できるかが、投資家の腕の見せ所なのです。

このように、不確実性の高い情報ばかりに囲まれているかのように見える株式投資ですが、配当に関する情報は、そのなかでも数少ない、いや唯一といっても良いくらい確度の高いものです。なぜなら、**配当をいくらにするかというのは、企業からすると株主に対する意思表示**だからです。

企業は来期の配当を予想配当額として提示しますが、多少、利益が変動したとしても、それと同額の配当が支払われます。もちろん、とんでもない不測の事態が生じて、利益の大半が吹き飛んでしまった、というような事態になれば、無配や減配もあり得ますが、そのような事態に直面するのは、本当にまれです。そういう意味で配当は、極めて確度の高い情報なのです。

「連続増配銘柄」ならキャピタルゲインも狙える

配当利回りで株式投資をする際の、ひとつのアイデアについて説明しておきたいと思います。

先ほど、「キャピタルゲインは不確実性の高い情報」という話をしましたが、実は高配当利回り銘柄への投資は、かなりの確度でキャピタルゲインも狙えます。というのも、日経平均株価の構成銘柄から配当利回りの高い銘柄を抽出した**「日経平均高配当株50指数」**の過去3年間のキャピタルゲインは、日経平均株価のそれを大きく上回っているからです。

また、**「連続増配銘柄」**も、キャピタルゲイン狙いに適しています。連続増配銘柄とは、10期、20期というように長期間にわたって、配当の額が増え続けている企業のことです。ちなみに米国では、25年以上連続増配銘柄によって構成された**「S&P500配当貴族指数」**という有名な指数があります。

そして、これの日本版とも言える指数が**「日経連続増配株指数」**です。この指数は、国内上場企業のなかで過去10年にわたって連続増配をしている企業のうち、時価総額で上位70銘柄を選定しています。構成銘柄の一部を挙げると、次のような企業です。

花王、SPK、三菱HCキャピタル、リコーリース、ユー・エス・エス、小林製薬、トランコム、KDDI、沖縄セルラー電話、サンドラッグ、リンナイ、ユニ・チャーム、サンエー、アルフレッサ・ホールディングス、高速、栗田工業、ニトリホールディングス。

では、なぜ連続増配銘柄がキャピタルゲイン狙いに適しているのでしょうか。

左ページに**配当割引モデルと資本コスト**という計算式を用いて説明しました。数学が苦手な方は、詩の一種とでも思って眺めてください。

ここからわかるのが、**配当の成長率は株価の値上がり益と等しい**こと。つまり、**連**

図11　**配当の成長率は株価の値上がり益と等しい**

配当割引モデル（株価モデルの計算式）

$$P=D/(1+r)+(D(1+g))/((1+r)^2+(D(1+g)^2)/((1+r)^3)+\cdots+(D(1+g)^{(n-1)}/((1+r)^n)+\cdots\cdots$$

Pは株価、Dは1株あたりの配当、rは資本コスト、gは配当の成長率を示している。そして、この式は、P=D/(r-g)という形に書き直すことができます。

これを変形すると、r=g+D/Pつまり、

資本コスト＝配当成長率＋配当利回り……(1)

「株式投資のリターンは、トータルリターンから成る」(79ページ)。トータルリターンとは、投資家が投資先である企業に対して期待している、あるいは求めているリターンのこと。それは企業側から見れば、**資本コスト**。これを式で示すと、

資本コスト（＝株式のトータルリターン）＝値上がり益＋配当利回り……(2)

そこで、(1)と(2)の式を並べると、

資本コスト＝配当成長率＋配当利回り

資本コスト＝値上がり益＋配当利回り　が導き出される

続増配銘柄の株価は上がる余地が大きいのです。

でも、わざわざ数式で考えなくても、これは明らかです。**配当を増やし続けられるのは、それだけ業績が安定して伸びていて、持続的にキャッシュを稼ぎ出す力があるから**です。そのような企業の株価が安い水準で放置されるはずはありませんし、投資家はこういう企業に投資したいと考えています。したがって連続増配銘柄は、株式市場で買われる確度が高いと言えるのです。

ETFなら、この指数の組み合わせが手堅い

ただし、ここで注意しなければならない点が2つあります。

ひとつは、「高配当利回り銘柄＝連続増配銘柄」ではないこと。連続増配銘柄の配当利回りは、日経平均株価に採用されている全銘柄の平均と、ほぼ同じです。そして、**連続増配銘柄は、どちらかというとグロース株の要素があります**。対して**高配当利回**

り銘柄は、一般的にはバリュー株と同様の性質を持っています。

これは、PBRで比較すると明らかです。日経平均高配当株50指数のPBRが1倍を割り込んでいるのに対し、日経連続増配株指数のそれは2倍以上になっています。

ここで提案したいひとつの投資戦略は、**日経平均高配当株50指数に連動するETFと、日経連続増配株指数に連動したETFを併せ持つこと**です。前者については、たとえばNF日経平均高配当株50指数連動型上場投信（107ページ）が代表的なファンドです。後者については2023年11月に、大和アセットマネジメントが「iFreeNEXT日経連続増配株指数」を設定。東京証券取引所に上場されています。

日経平均高配当株50指数に連動したポートフォリオで、素直に高配当株の利回りを享受し、それに日経連続増配株指数を組み合わせることで、バリューとグロースの要素を併せ持ち、スタイルの分散を図ることができます。そうすると、スタイルもリスクもニュートラル（中立）で、キャピタルゲインと配当利回りのインカムゲインの両方を狙えるポートフォリオを組むことができます。

もちろん、**ETFに頼らず、個別銘柄でポートフォリオを構築する際も、高配当利**

回り銘柄と連続増配銘柄の組み合わせで、分散投資効果を高めることができます。

ちなみにスタイルを分散させるに際して、高配当利回り銘柄と連続増配銘柄のどちらに比重を置けば良いのかという点について、迷う人もいらっしゃるかと思います。

これは人それぞれです、としか言いようがないのですが、まずは**5対5の割合で良いでしょう。**これで十分なスタイル分散効果が期待できます。そのうえで、もし**高配当利回りを重視したいのであれば、高配当利回り銘柄を7、連続増配銘柄を3にするとか、あるいはより成長性を重視したいのであれば、連続増配銘柄を7、高配当利回り銘柄を3にすれば良い**のです。

連続増配銘柄投資の注意点

連続増配銘柄への投資には、いくつか注意点があります。

前述したように、「連続増配」という言葉の語感から、「連続増配銘柄は高配当利回り銘柄だ」と思い込んでいる人もいるようなのですが、決して高配当利回りということはなく、日経平均株価構成銘柄の平均的な利回りであることが、まずひとつです。

それともうひとつ、連続増配銘柄がキャピタルゲイン狙いに向いている、という話をしましたが、個別銘柄で見ていくと、なかにはそれに該当しないような銘柄もあることには注意しておく必要があります。

その典型的なケースが**「花王」**です。２０２３年12月期の配当は、中間配当が75円、期末配当が75円の計１５０円で、34期連続の増配となっています。

ただ、34期連続増配によって、１株あたり１５０円の配当が出るにしても、同社の株価は11月７日時点で５４３５円ですから、配当利回りは２・75％です。高配当利回り銘柄というと、４％、５％くらいの利回りが普通なので、２・75％の配当利回りは決して高いほうではありません。この点からも、「連続増配銘柄＝高配当利回り銘柄」ではないことが分かります。

また、連続増配銘柄がキャピタルゲインを狙えるという点も、花王の株価を見る限り、ちょっと怪しい感じになります。花王の株価を追うと、過去最高値をつけたのが

２０１８年10月2日の９３８７円でした。その後、高値圏で株価はもみ合い状態を続けましたが、２０２０年６月３日に９２５１円をつけたところから下落の一途をたどり、２０２２年３月14日には４６６３円まで値下がりしました。そして、その後も上昇トレンドに乗れることなく、株価は安値圏でもみ合いが続いています。

ちなみに、花王の株価が下落に転じ、安値圏でもみ合っている間、日経平均株価はどうだったのかというと、大きく上昇しています。日経平均は２０２１年、２０２２年の2年間は、ほぼ横ばいで推移しましたが、２０２３年に入ってから上昇に転じました。結局、花王が高値をつけた２０２０年６月末の日経平均株価が2万２２８８円で、２０２３年10月末時点のそれが3万８５８円ですから、38・45%も値上がりしています。

銘柄によっては例外もあるということです。

なお、花王の株価がここまで下げた理由は、業績が大幅に悪化しているからです。２０１９年度には２１１７億円という、過去最高の営業利益を叩き出したものの、その後はコロナ禍によってインバウンド需要が大幅に減ったため、２０２２年度の営業利益は１１００億円程度まで落ち込みました。さらに２０２３年度には、営業利益が

図12　**花王のチャート（月足）**

出所：マネックス証券

600億円程度まで大きく落ち込む見通しです。結果、ROEもかつては19%もあったのが、今では5・9%まで下がってしまいました。

　ここまで業績が悪化すると、いくら34期連続増配を記録している優秀な企業でも、株価は下がらざるを得ません。逆に言えば、**これだけ業績が悪化しているにもかかわらず、連続増配されている点からも、いかに配当が確度の高い情報である**か、そして企業の意思表示として多少、業績が悪化したからといって減配したりしないことが、お分かりいただけるかと思います。

買い値は忘れる。注視すべきは配当額

高配当利回り銘柄に投資する際のポイントとして、**買ったときの株価を忘れてしまう**、というのがあります。

本書のテーマである高配当利回り銘柄投資の目的は、キャピタルゲインを積極的に狙うことではなく、インフレリスクをヘッジするために高い配当利回りを確保することにあるからです。改めて配当利回りの計算方法である、**「配当利回り（％）＝配当÷株価」**を思い出してください。ここで言う株価とは、自分が投資して買い付けたときの株価。仮に配当が年間200円で、買い付けたときの株価が4000円だったら、配当利回りは5％になります。そして、その後もその銘柄を持ち続け、安定的に2000円の配当が支払われ続ければ、毎年5％の利回りを安定して受け取ることができます。

それは、株価が5000円に値上がりしたとしても、あるいは3000円に値下がりしたとしても、その銘柄を持ち続ける限り、**自分の買値は変わりませんから、配当**

利回りは常に5%が維持されるのです。

したがって、もし年5%の配当利回りに満足できるのであれば、むしろ買い付けたときの株価は忘れてしまっても良いのかも知れません。そして、常に年200円の配当を維持できるだけの業績を達成しているのかどうかだけを注視するようにします。

追加投資で利回りアップも狙える

また、高配当利回り銘柄投資は、株価が下がったほうが嬉しい気持ちになるという、いささか天邪鬼的な要素もあります。後述するように、買い増しできるからです。

たとえば年間の配当が200円で、買い付けたときの株価が4000円だとすると、配当利回りは5%です。

その後、株価が3000円に値下がりしたとしましょう。配当の額は変わらず年間200円です。もし、3000円になったとき、同数の株式を追加購入したら、配当利回りはどうなるでしょうか。**そう、上がります**（細かい計算は、図13を参照）。

これが高配当株による長期投資の魅力です。

もし、年6・66％の配当利回りをずっと長期的に受け取りつつ、その銘柄を保有していれば、**この配当がどんどん蓄積されていき、いずれは投資したときの元本を上回るだけの配当収入が得られる**ことになります。

単純に単利で計算しても、年間6・66％の利回りが得られるのであれば、これを15年も保有すれば、配当の額が、投資した元本とほぼ同額になります（税金は考慮していません）。さらにそこから保有し続けると、投資元本を全額回収したうえに、**そこから先は全額が純利益になっていく**のです。

もちろん、株価下落の要因がその企業固有の問題に端を発したものだとしたら、少し慎重に状況を観察する必要があるでしょう。その原因が、**経営悪化、経営破綻につながるようなものだとしたら、少しでも早く売却しなければなりません**。いくら株式投資は長期的なスタンスが重要だといっても、倒産しそうな企業の株式を持ち続けていては、いずれ大きな損失を被ることになるからです。その企業に投資した理由が間

図13　株価下落は利回りアップの好機

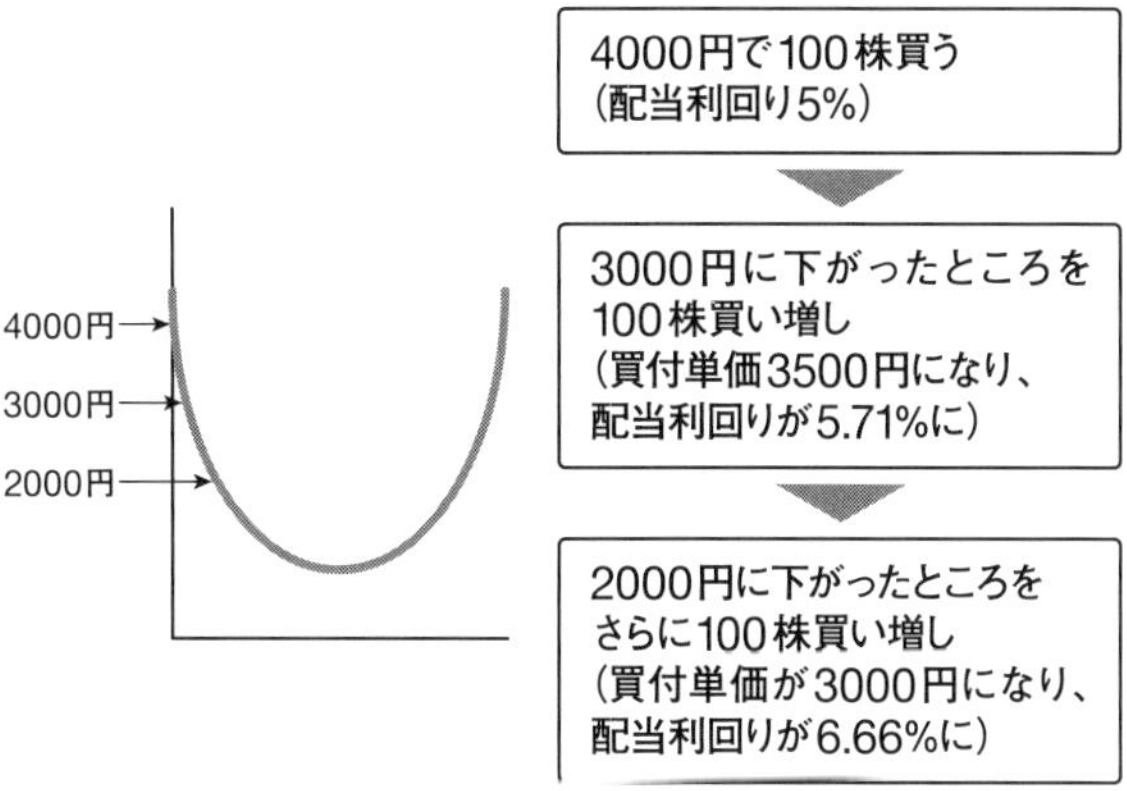
4000円で100株買う
（配当利回り5%）
3000円に下がったところを
100株買い増し
（買付単価3500円になり、
配当利回りが5.71%に）
2000円に下がったところを
さらに100株買い増し
（買付単価が3000円になり、
配当利回りが6.66%に）
4000円
3000円
2000円

※年間の配当は変わらないと仮定

違っていた場合、あるいは経営の存続に関わるような大問題が発生した場合は、とにかく逃げることを最優先してください。

ただ、株価はその企業に固有の材料だけで動くのではありません。市場全体の値動きに引っ張られることもあります。

株価下落が市場全体の値動きに引っ張られたものなのか、それとも企業固有の問題によるものかを判断するためには、**日経平均株価や東証株価指数の下落率と、投資先企業の株価の下落率を比較すると良いでしょう。**両者の下落率がほぼ同じであれば、たとえ短期間のうちに10%、

20％というように大幅に下落したとしても、「それはマーケット全体が売られているだけのこと」で済ますことができます。

でも、マーケット全体の下落率が5％程度であるのに対し、投資先企業の株価下落率がそれを超えて、たとえば10％も下げたとしたら、それは何か売られなければならない、その企業固有の問題が潜んでいる恐れがあります。マーケット全体が値上がりしているときに、投資先企業の株価が下落しているときも、要注意です。

たとえば2008年に起こった、リーマンショックのような金融不安で株価が暴落したときなどは、投資先企業に何も問題が無かったとしても、その株価は大きく下げるはずです。そのときの株価下落率が、マーケット全体の下落率とほぼ同じだとしたら、それは**自分のポートフォリオの配当利回りを大きく改善させるチャンス**です。

このように高配当利回りに着目した投資を行うときには、**時間を味方に付けることも大事**です。つまり、若いうちから投資を始めたほうが、後々、有利な運用が出来るということでもあるのです。

「再投資×複利×単元未満株」は、鉄壁の組み合わせ

投資の時間軸、つまりどのくらいの期間を前提にして投資すれば良いのか、ということですが、これは自分が死ぬまで投資し続ける、ということで良いかと思います。「自分が死ぬときにたくさんのお金が残っていたら、死んでも死にきれない」と思う人もいらっしゃるかも知れませんが、ご家族がいらっしゃるのであれば相続すれば済む話です。『ＤＩＥ ＷＩＴＨ ＺＥＲＯ（ゼロで死ね。）』などという本が話題になりましたが、自分が死ぬときに保有資産がゼロになるように使っていくなどということは、そう簡単に出来るものではありません。決して否定はしません。むしろ理想。ただ、私のような者には無理だと思います。

自分は90歳まで生きることを前提にして、資産を取り崩すモデルを考えたのに、実は１００歳まで長生きしてしまったとしたら、残り10年の生活は相当厳しくなるでしょう。働いて稼ぐにしても、後期高齢者になってしまっては、なかなか雇ってくれるところもありませんし、何よりも自分の身体が自由に動くかどうか疑問です。

老後の資産運用は元本部分をあまり取り崩さず、出来れば運用収益の部分、つまり**配当や分配金で生活できるように設計する**ことが理想です。となると、やはり**資産1億円を目指したい**ものです。ある程度の財産を持ったままの状態で、自分の死に直面したとき、「財産を使い切れなかった」などと悔やむのではなく、生活苦に陥らずに済んだことを、素直に喜ぶべきでしょう。使い切れなかったお金は相続か、寄付すれば良いだけのことです。

さて、このように自分が死ぬまで、ずっと資産運用を継続していくわけですが、高配当利回り銘柄投資の効果をより高めるためには、**時間を味方につけるのと同時に、再投資の力を最大限に活かす投資法**を考えるべきでしょう。

つまり、若いうちから資産運用をしたほうが、資産をより大きく増やすことができるということです。

とはいえ、20代、30代から1億円の金融資産を持っている人は、親から莫大な遺産を引き継いだか、起業で成功したかのいずれかでしょう。そんなのは超レアケース。この本を手に取って読んでないはずです。大半の若い人たちは、資産を「運用する」

というよりも、長い時間をかけて資産を「形成する」ことになります。そして、資産形成を少しでも有利に行うためには、高配当利回り銘柄を対象にして、その配当を「再投資」に回していくのが、もっとも適切な方法といっても良いでしょう。

再投資とは、一定の運用期間中に得られたインカムゲイン（配当収入）でもって、同じ投資対象を購入することです。つまり**高配当株の買い増し**です。その際、株価が値上がりしているか、それとも値下がりしているかは、誰にも分かりません。仮に株価が値上がりしていて、1単元買えないときは、前述した**「ワン株」「単元未満株」**を用いて投資するとよいでしょう。もちろん、余裕資金があるならば、配当にプラスして、単元株取引で同一銘柄を買い付けてください。

「老後2000万円問題」は配当であっさり解決

正直、老後の生活をするうえでいくらあれば安心できるのかは、人それぞれです。

２０１９年に、金融庁が提出した金融審議会市場ワーキング・グループの報告書によって「老後２０００万円問題」が話題になりました。

この報告書には、無職の高齢者夫婦の平均的な家計収支が事例として取り上げられていました。それによると、実収入が毎月20万９１９８円であるのに対し、実支出が26万３７１８円であり、**毎月５万４５２０円が不足する**とあります。結果、夫婦が老後30年間を過ごすとしたら、５万４５２０円×12カ月×30年＝**１９６２万７２００円**が不足することになります。これを、多くのメディアが「老後２０００万円問題」などと称して報道したことから、大騒ぎになったのでした。

65歳で定年を迎えるくらいまでに、最低でも２０００万円の貯蓄を作っておかないと、老後は大変なことになると、多くの人が恐れ慄いたのでしょう。「国民年金や厚生年金だけでは老後、満足のいく生活が出来ないのか」と絶望の淵に立たされた人も、少なくなかったようです。

でも、はっきり申し上げておきますが、仮に60歳か65歳の時点で２０００万円の金融資産を持っていたとしても、それを取り崩して生活をしていくと、徐々に手持ちの資金は目減りしていきます。そのストレスは相当なものになるでしょう。老後の生活

図14　**老後の資金は、株でつくれる**

1635万6000円 高配当株の資産	×	4% 配当利回り	=	65万4240円 年間配当収入（税引前）

資金は手持ちの金融資産の元本を取り崩さず、その**金融資産の元本部分から生み出されるキャッシュフローの範囲で生活できる**ように設計することが理想的です。

この「老後２０００万円問題」も高配当株による配当収入で解決できます。細かい計算は割愛しますが、実は、老後「不足する」と言われていた年間65万４２４０円を、高配当利回り銘柄への投資で得られる配当でカバーするためには、**１６３５万６０００円を４％の配当利回りで運用すれば間に合う**のです（図14）。

ただし、これはあくまでも４％の配当利回りが維持されることと、投資した企業が倒産しないことが条件になります。投資先企業が経営破綻してしまったら、配当が得られないどころか、投資した資金がすべて紙切れになる恐れがあります。

したがって、高配当利回り銘柄への投資は１銘柄に集中投資するのではなく、複数銘柄に分散投資することをお勧めします。ポートフォリオの詳しい話は後述しますが、たとえば1635万6000円を20銘柄に分散すれば、1銘柄あたりの投資金額は平均81万7800円になりますから、不測の事態が生じて1銘柄が経営破綻したとしても、被害は最低限に抑えることができます。

もし1億円分の高配当株を持っていたら？

とはいえ、ここで説明した額は、あくまでも老後2000万円問題を解決するのに必要な、ギリギリの話です。本当に豊かな老後を過ごしたいのであれば、1億円くらいの資産は欲しいところです。65歳までに1億円をつくる。そのための方法を考えてみましょう。

仮に1億円で4％の配当利回りで運用できれば、年間400万円の配当収入が得られ、これに公的年金を合わせれば、相当に豊かな老後生活が送れます。1カ月の実収

図15　**もし1億円の高配当株があると……**

1億円で4%の配当利回りで運用

↓

年間400万円の配当収入が得られる

↓

月20万9198円の年金に
月33万3333円の配当収入が足される

↓

月50万円以上の生活が実現

入が、公的年金を中心にして20万９１９８円だとするならば、これに年間４００万円の12分の１である33万３３３３円が配当から得られるので、**月50万円以上の生活が実現できます**（図15）。老後、夫婦が生活していくには十分な収入でしょう。

　では、本当に１億円が実現できるのでしょうか。

　普通の会社員だとしたら、これを実現するには時間を味方に付けなければなりません。つまり、いかに長期投資が出来るかで、成功確率は大きく違ってきます。

　まず、次章で解説する新ＮＩＳＡで「満額１８００万円」をいかに早く達成するか、です。たとえば1800万円を15年間で達成するという目標を決めたとします。運用利回りが7％であれば、毎月の積立金額は5万6789円です。これでひとまず、運用収益も含めて1800万円を達成させます。

1800万円が出来たら、次はそれを高配当利回り銘柄でポートフォリオを組み、運用していきます。この時点で40歳だとしたら、65歳までの運用期間は25年間です。この間、5％の配当利回りで再投資し続けた場合、65歳時点でつくれる資産の額は、6095万4388円です。これに退職金が1000万円だとしたら、約7100万円の金融資産を築くことができます。

1億円には足りませんが、7100万円の金融資産を築くことが出来れば、ひとまず安泰だと思います。この7100万円を仮に5％の配当利回りで運用すれば、年間の配当収入は355万円になります。ちなみにNISAで満額投資した場合、配当は総合課税の口座に入るので、再投資の効率は落ちます。

年間355万円の配当収入ということは、1カ月あたり約30万円。これに公的年金を加えれば、生活費としては十二分でしょう。

あくまでもシミュレーションなので、必ずこのようになるという保証はありませんが、自分でこのような計算をしてみて、将来の必要資金の目安を考えておくだけでも、お金の不安は、かなり払拭できるはずです。

ETFなら分散もお手軽

高配当利回り銘柄でポートフォリオを構築するにあたって、多くの方が気になるのは、何銘柄に分散すれば良いのか、ということでしょう。

理想を言えば30銘柄くらいに分散したいところです。

といっても、いきなり30銘柄をまとめて買うのは大変です。銘柄も選ばなければなりませんし、単元株で30銘柄を持つとしたら、ある程度の資金も必要です。したがって、まずは数銘柄への分散を行い、そこから徐々に銘柄数を増やしていけば良いかと思います。また、単元株投資だと資金的に負担が重いという場合は、単元未満株投資を利用して、10銘柄くらいのポートフォリオを組んでも良いでしょう。

それでも、**銘柄を選ぶのが面倒だという人は、ETFを買うと良いでしょう。**

ETFとは、Exchange Traded Fund の略で、「上場投資信託」と言われています。その名の通り、投資信託の受益証券が東京証券取引所に上場され、株式などと同じように売買されます。

ETFのメリットとしては、上場市場を通じて自由に売買できること、コストが比較的割安であること、を挙げることができます。

コストについては近年、未上場のインデックスファンド（投資信託）でも非常に格安になってきたので、その点でETFの優位性は下がっているものの、株式と同様にリアルタイムで売買できることや、分配金の透明性が高いというメリットがあります。

分配金の透明性について少し説明しましょう。

ETFの分配金は、組入銘柄から得られる配当、ならびに利金を原資にしており、前回の決算日から今回の決算日までの運用で得られた配当と利金のみを、分配原資にするというルールが設けられています。

これに対して未上場の投資信託は、組入銘柄の配当、利金以外に、値上がり益や為替差益なども分配原資にして良いことになっているのですが、これが不透明さにつながる面があります。値上がり益の一部を分配原資に充ててしまうと、確かに分配金の額を増やせるのですが、反面、基準価額が上がりにくくなる面も生じてきます。

この点、ＥＴＦは一定期間中に発生した配当と利金のみを分配原資にするため、基準価額の値動きが歪まずに済むのです。

高配当利回り銘柄への投資を、個別銘柄だけでなく、ＥＴＦで行っても良いと考える理由が、これです。純粋に配当や利金のみを分配原資にしているため、分配金利回りの高低と、組入銘柄から得られる配当利回りの高低がほぼ同じになります。この透明性は、配当を重視した投資戦略を続けていくうえで、重要なポイントになります。

高配当利回りETFの種類

２０２３年11月現在、高配当利回り銘柄で構成されたポートフォリオで運用されているＥＴＦには、次のようなものがあります。

高配当利回り銘柄を組み入れるのだから、どれでも同じかというと、実はそうではありません。いくつかのタイプがあります。

インデックス型は、高配当利回り銘柄で構成された株価インデックスに連動するタイプです。

オルタナティブ型は、マーケットニュートラル戦略などを用いて、高配当利回りを享受しつつ、取引価格の値動きをできるだけ小さく抑える運用を目指しています。

リート型はＪ－ＲＥＩＴ、つまり不動産投資信託を組み入れて運用されています。Ｊ－ＲＥＩＴは比較的、分配金利回りが高く、そのなかでもさらに高利回り銘柄に投資対象を絞った銘柄選定が行われています（第6章でも触れています）。

そして最後に、アクティブＥＴＦを取り上げておきます。

ＥＴＦが東証に上場されたのは２００１年のことでしたが、もともとＥＴＦは特定の株価インデックスに対して基準価額を連動させるのを目標に運用されるインデックス型でした。現状、大半のＥＴＦはインデックス型です。

図16　**高配当をテーマにしたETF**

日本株インデックス型

上場インデックスファンド日本高配当（1698）
NEXT FUNDS 野村日本株高配当70連動型上場投信（1577）
iシェアーズMSCIジャパン高配当利回りETF（1478）
上場インデックスファンドMSCI日本株高配当低ボラティリティ（1399）
NEXT FUNDS 日経平均高配当株50指数連動型上場投信（1489）
iFreeETF TOPIX高配当40指数（1651）
グローバルX MSCIスーパーディビィデンド日本株式ETF（2564）

オルタナティブ型

上場インデックスファンドMSCI日本株高配当低ボラティリティβヘッジ（1490）
MAXIS日本株高配当70マーケットニュートラル上場投信（1499）

リート型

MAXIS高利回りJリート上場投信（1660）

アクティブETF

MAXIS高配当日本株アクティブ上場投信（2085）
SMDAMActiveETF日本高配当株式（2011）

これに対して２０２３年９月に上場された６本のＥＴＦは、「アクティブＥＴＦ」といって、アクティブ運用が行われるＥＴＦです。

アクティブ型なので、運用担当者がインデックス型よりも高いリターンを目指して銘柄を選別し、ファンドに組み入れます。もちろん、銘柄選別を誤れば、インデックス型に比べて運用成績が劣後してしまうこともありえますが、優れた運用が行われれば、インデックスを超えるリターンが期待できます。

このように、さまざまなタイプに分かれているＥＴＦですが、**最大のメリットは、ファンドが銘柄を選んでくれるお手軽さ**です。

たとえば野村アセットマネジメントが運用している「ＮＥＸＴ ＦＵＮＤＳ野村日本株高配当70連動型上場投信」であれば、ファンド名にもあるように、70銘柄の高配当利回り銘柄に分散投資した運用成果を目指すので、このＥＴＦ１本を買い付ければ、それだけで70銘柄に分散投資したのと同じ投資成果が期待できます。

また分配金利回りですが、同ファンドは年２回決算で、２０２３年４月の分配金が５３１円、同年10月の分配金が４００円でした。合計９３１円です。対して２０２３

年11月11日の取引所価格が3万1770円だったので、**分配金利回りは2・93％**です。

これは低いほうですが、たとえば「グローバルX　MSCIスーパーディビデンド日本株式ETF」だと、**分配金利回りは4・23％**にもなります。

あえて個別銘柄に投資する意味とは

ETFについては、一通りご理解いただけたでしょうか。なかには、「いちいち銘柄を選ぶのも面倒だから、ETFにしておけばいいいじゃないか」と思った方もいらっしゃるかもしれません。まさにその通りで、ETFならそれ1本で数十銘柄に分散投資したのと同じ効果が得られます。個別銘柄を選んでポートフォリオに組み入れていくのに比べれば、はるかに簡単です。

ただ、**個別銘柄投資には個別銘柄投資の面白さがある**のも事実ですし、それによって得られるメリットもあります。

たとえば野村アセットマネジメントが運用している「ＮＥＸＴ　ＦＵＮＤＳ野村日本株高配当70連動型上場投信」は、70銘柄の高配当利回り銘柄に分散投資したのと同じ投資成果が期待できることを、先に述べました。そして、その分配金利回りは、２０２３年11月11日の取引所価格で計算すると、２・93％です。

少し低いと思いませんか。

確かに、70銘柄に分散投資すると、分散投資効果が高まるのは事実です。ただ、**あまりにも多くの銘柄を組み入れてしまうと、総じてリターンが低めになってしまう**という問題があります。

これはアクティブ運用のファンドについても当てはまることです。アクティブＥＴＦの話をしましたが、これも分散投資効果を重視しすぎる余りに組入銘柄数が多くなると、アクティブ運用本来の良さが発揮できなくなってしまいます。要するに、アクティブ型でありながらも、インデックス型とほとんど変わらない運用成績しか出せなくなってしまうのです。

図17　**EFT、投資信託の2つのタイプ**

インデックス型	アクティブ型
株価指数などの ベンチマークの動きに 連動する運用成果を目指す	ベンチマークの動きに 左右されずに、 運用会社がより高い 運用成績を目指す ために銘柄を選別して 投資する

ついでにと言っては何ですが、インデックス型とアクティブ型の違いについて、少し補足してみましょう。

インデックス運用とは、日経平均株価や東証株価指数（ＴＯＰＩＸ）、米国のＳ＆Ｐ５００やＮＡＳＤＡＱ１００などの株価インデックスに連動する運用成果を目指して、ポートフォリオを構築します。現在、東京証券取引所に上場され、売買されているＥＴＦの大半が、このタイプです。

インデックス型は、大きく外さないというメリットがあります。なぜなら、市場の平均値である株価インデックスに連動する運用成果を目指すからです。そのため、複数の運用会社が運用しても、連動目標とする株価インデックスが同一であれば、それほど運用成績に差がつきません。

これに対してアクティブ型は、運用会社が違えば運用成績にも大きな差が生じてきます。

アクティブ型とは、運用会社が独自に企業リサーチを行い、より高い運用成績を目指すために銘柄を選別して投資します。日経平均株価や東証株価指数などの株価インデックスをベンチマークとし、それを上回るリターンを目指すのです。

そのため、インデックス型に比べて高いリターンが得られるのではないかと思われがちなのですが、それはひとえに運用会社の力量次第です。インデックス型に比べて高いリターンを実現できるアクティブ型がある一方で、インデックス型を下回る運用成績しか残せないアクティブ型もあるのです。

したがって、アクティブ型を選ぶ際には、少なくとも3~5年程度の運用成績をチェックする必要があります。

2023年9月に登場したアクティブETFのなかには、高配当利回り銘柄を投資対象にしたものもあり、それは魅力的だと思うのですが、保守的に考えるのであれば、これから数年先のリターンを見てから投資しても遅くはないでしょう。

では、簡単に投資できるＥＴＦではなく、敢えて個別銘柄を選んで投資する魅力はどこにあるのでしょうか。

それは、まさにアクティブ型を選ぶのと同じことです。インデックス型に比べてより高いリターンを目指そうとするならば、優秀なアクティブ型を選ぶか、自分で個別銘柄を選んで投資するより他に方法はありません。

ただ、個別銘柄を選んで投資するのであれば、ポートフォリオに組み入れる銘柄をある程度、厳選する必要があります。なんでもかんでも、とにかく多数の銘柄に分散してしまうと、総じてリターンが下がってしまいます。別の言い方をするならば、期待リターンが悪化してしまうのです。

もちろん、期待リターンが高まると、同時にリスクも高まります。したがって、個別銘柄を選別投資するのであれば、自分自身がある程度のリスクを許容できる状況にあるかどうかを考える必要があります。

たとえば、子どももいない独身生活を送っているときならば、ある程度、高いリスクを許容できるでしょう。大きな評価損を抱えたとしても、その損失が回復するのを待つことができるからです。

しかし、結婚して子どもがいて、教育費や住宅ローンの負担が重く、親戚や友人・知人とのお付き合いで何かとお金がかかる30代半ばから50歳くらいまでは、高いリスクを取った運用はしにくい環境にあると察します。急な資金需要が生じたとき、保有している金融資産に大きな評価損が生じていたりしたら、それを解約して必要資金の手当てをしようにも、評価損を確定させてしまうことになります。つまり、不意な資金需要が生じやすい年齢層のときには、大きなリスクを取ってハイリターンを狙うという運用はしにくくなるのです。

そして、50歳を過ぎて子どもたちが独立し、再び夫婦2人の生活に戻ったら、高いリスクを取って運用する最後のチャンスといっても良いでしょう。最近は年功序列賃金ではない企業が増えているので何とも言えませんが、50歳以降ともなれば、それなりの収入も得られているはずです。それを考えると、**資産活用期に移行していく前の、保有資産をより大きく増やすチャンス**ともいえます。

今、自分自身の置かれている環境が、どこまでリスクを負えるのかを考え、もしある程度のリスクを取っても大丈夫だと判断するならば、思い切って個別銘柄に投資しても良いのかもしれません。

先にも触れたように、仮に個別銘柄でポートフォリオを組むならば、50銘柄、60銘柄といった銘柄数での運用は避けてください。そこまで組入銘柄数を増やすなら、個別銘柄投資ではなく、ETFを買ったほうがましです。個別銘柄投資をするならば、**上限の目安は30銘柄程度**でしょう。

また個別銘柄投資には、資産を大きく増やせるということ以外のメリットも享受できます。自分で個別銘柄を選んで投資し、かつポートフォリオを管理すると、マーケットをしっかり見るようになりますし、企業研究もするようになります。結果、自分自身の**社会や経済に対する感度が上がっていく**のです。

近年、金融教育うんぬんという話がよく出てきますが、わざわざ有料の投資セミナーなどに行かなくても、株式の個別銘柄に投資すれば、否が応にも経済や金融、企業動向などに興味を持つようになります。

あと、これは高齢者の方に申し上げたいのですが、よく定年になって働かなくなると、社会との接点が無くなり、老化が早まったり、認知症が始まったりするなどと言われています。これも、株式の個別銘柄に投資すれば、たとえば株主総会などに参加するなどして社会との接点を持ち続けられますし、何よりも株式投資は頭を使うゲームなので、老化防止にも役立つはずです。その意味では、年齢が高い人にこそ、株式の個別銘柄投資をお勧めしたいところです。

買う基準としての配当性向とDOE

最近、配当利回りを考えるうえで「DOE（Dividend On Equity ratio）」という言葉を目にする機会が増えてきました。

これは、**「株主資本配当率」**と訳され、株主資本に対する配当の比率を示したものです。

株主資本とは、バランスシート（貸借対照表）における資本の部に含まれている勘定項目です。

バランスシートにおける資本の部は、株主が出資した「資本金」および「資本剰余金」と、これまでの利益の蓄積である「利益剰余金」によって構成されています。株主資本配当率は、このうち株主が出資した「資本金」および「資本剰余金」の合計額に対して、**「配当として株主に還元する額が何パーセントを占めているのか」**を示しています。

ところで、ＤＯＥという言葉から何か他の投資指標を連想できませんか。

そう、「ＲＯＥ」です。ＲＯＥは「Return On Equity」の略で、「株主資本利益率」と訳されています。これは当期純利益を株主資本の総額で割って求められるもので、この数字が大きくなるほど、その会社は株主資本を上手に活用して利益を上げている、ということになります。

配当性向は当期純利益に占める年間配当総額の割合です。配当性向が20％だとすると、税引後の当期純利益のうち20％を、株主還元のための配当に回すことを意味しま

図18　ROEに配当性向をかけたものがDOE

$$\mathrm{DOE} = \mathrm{ROE} \times 配当性向$$

$$\frac{配当総額}{株主資本} = \frac{純利益}{株主資本} \times \frac{配当総額}{純利益}$$

す。また当期純利益は、法人税を差し引かれた残りの、企業側からすれば自分たちが自由に使えるお金、ということになります。企業経営者は、この当期純利益のうち、何パーセントかを株主還元のための配当として支払い、残った部分を内部留保に充てていきます。

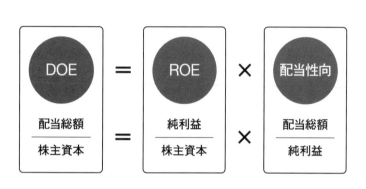

当然、高配当利回り銘柄投資をするときには、配当性向が高いほど望ましい、ということになるのですが、配当性向にはひとつ弱点があります。それは、**利益が変動してしまうと、配当性向自体は同じでも、配当の額が変動してしまうこと**です。

たとえば、ある企業の配当性向が30%だとします。前期の当期純利益が１００億円だとしたら、配当原資は30億円になりますが、当期は決算の内容が悪く、当期純利益が50億円になったとすると、配当性向が同じ30％のままだったら、配当原資は15億円になってしまいます。まず間違いなく減配です。

配当性向は、その企業の配当政策に対する姿勢を見るにあたって有効な指標のひとつではありますが、当期純利益に紐づいているので、利益の変動によって配当の額が不安定になるという弱点があるのです。


これに対してDOEはどうかというと、**株主から預かった資本金および資本剰余金に対して、いくら配当を支払います**、ということになるので、当期純利益に紐づいた配当性向に比べると、**あまりブレないという利点があります**。

なぜなら資本金および資本剰余金の額は、利益のように、決算期ごとに目まぐるしく変動しないものだからです。そのため、DOEは配当される最低水準を示しているとも言えますし、安定配当政策のスタンスを見るうえで参考になります。


一般的には、**DOEは2％前後**と言われています。

2022年から2023年にかけて、企業の配当政策は、多様化が進みました。配当性向やＤＯＥなどの数値目標を導入する企業が増えてきましたし、その他にもさまざまな配当基準を設ける企業が現れてきました。企業別に挙げると、

トラスコ中山……配当性向の計算時に減価償却費を加味
日鉄鉱業…………ＰＢＲ１倍未満の際、配当と株価を連動
ニプロ……………最低配当を導入
山善………………ＤＯＥを導入
ニッコンホールディングス……累進配当を導入
四電工……………配当性向を引き上げ
コスモエネルギーホールディングス……年間配当の下限を増額

近年、配当政策を見直している企業が増えています。そういう時代だからこそ、これからの株式投資は、配当政策も重要な判断基準になってきます。

配当金の再投資でムダなく資産形成を加速させるには

高配当利回り銘柄投資というと、すぐにFIREと結び付けたがる人がいます。経済的な自立を確立し、ヘトヘトになるまで働かされる会社勤めを出来るだけ早いうちに辞め、自由な生活を謳歌することを考えている人たちです。

ただ、よく考えていただきたいのは、資産形成の段階から使うことを目的にして高配当利回り銘柄に投資することです。確かに、配当利回りが5％もあれば、その銘柄に240万円を投資することによって、毎月1万円に相当する金額の配当を得ることができます。

これを一部の株式投資ユーチューバーたちが、「毎月1万円の配当が得られたら、毎月豪華なディナーに出かけられますよね。だから高配当利回り銘柄は魅力的なんです」などと言ったりしているのですが、本気で資産形成をしたいと思っているのであれば、使ってはダメです。なぜなら資産形成期において配当金は、資産をより大きく増やすための原資になるものだからです。

したがって前述したように、受け取った配当金は、それを使って一時的な楽しみを享受するのではなく、将来のためにひたすら再投資していくべきものなのです。確かに我慢はつらいかも知れませんが、その我慢が出来た人だけが、本当の意味でのＦＩＲＥを勝ち取れるのです。

投信なら〝無分配〟型。なぜなら……

ただ、いくら再投資といっても、株式投資の場合、ひとつ大きな問題が生じてきます。それは、上場企業の大半が**１単元１００株**で取引していることです。

そのため、得られた配当金が１単元を満たす金額でなければ、再投資で単元株を買うことができませんし、仮に買えたとしても、**１円残らずぴったりの金額まで再投資できない**のが普通です。

その問題をクリアするためには、マネックス証券でも扱っている「ワン株」のような、単元未満株取引ができる仕組みを利用すると良いのですが、それも面倒という場合は、**高配当利回り銘柄を組み入れて運用する投資信託を利用する**という手がありま す。投資信託の場合、決算日を迎えたときに分配金が支払われますが、課税口座の場合は、支払われた分配金に20・315％の税金を課したうえで、**残金を1円単位まで再投資に回してくれます。**

ただ、再投資にはひとつだけ問題があります。それは今も申し上げたように、再投資する前に、受け取った**分配金に課税されてしまうこと**です。たとえば1万円の分配金に課税された場合、課税後の分配金は7969円ですから、1万円をまるまる再投資するのに比べると、投資効率が下がってしまいます。

そこで、あえて**分配を極力しない投資信託を選ぶ**という方法があります。

従前、分配金を出さない投資信託のタイプを「無分配型」と称しました。ただ、目論見書などの法定書類で**「無分配型」**を標榜してしまうと、設定してから最長で3期までしか無分配が認められず、それ以降は分配しなければならない、といったルールを適用されてしまいます（ちなみに、永久無分配を標榜できないのは、換金時にならないと収益課税できないため、国税が認めないという話もあります）。

ただ、実は分配金をいくらにするかは、運用会社の判断に委ねられています。そこがある種の盲点で、分配型を標榜しておきながら、運用会社の判断で毎期、分配金を出さない、という投資信託が存在しています。このようなタイプの投信は**「資産成長型」**と呼ばれます。

このようにあえて分配金を出さずに運用している分配型の投資信託を選べば、決算日ごとに分配金を受け取れないものの、運用によって得られた収益を、運用会社が全額、しっかりと投資に回してくれます。**投資効率も高くなる**のです。

この手の投資信託は、表立って「分配しません」とはうたっていません。ですから、運用報告書などを用いて、決算日ごとの分配金額をチェックする必要があります。決算日に支払われる分配金額が、０円で続いていれば、ほぼ間違いなく、分配金を出さずに運用している分配型の投資信託ということになります。

本書を執筆している２０２４年１月現在で、高配当株に投資する資産成長型の投信は、はっきり言って極少数ですが、今後は使い勝手の良いファンドが登場してくると思っています。

J-REITにも妙味アリ

J-REITは「投資法人」といって、特定の資産への投資を目的として設立された法人の一種です。J-REITの場合、この特定の資産が「不動産」になります。つまり、不動産に投資することを生業にしている法人が、J-REITです。

あまり馴染みのない方もいらっしゃると思うので、J-REITの基本的な商品性を簡単に説明しておきましょう。

投資している不動産は、賃料が得られる物件です。オフィスビルや商業施設、レジデンス（住居）、ホテル、物流施設、介護施設などが対象になります。そして、これらの物件に入居している借主から発生する家賃収入が、J-REITの分配金原資になるのです。

法人の一種ですが、Ｊ‐ＲＥＩＴは大勢の社員を抱えてはいません。物件を探してファンドに組み入れる運用、組入資産を保全する資産保管、法人である以上避けられない各種事務は、いずれも外注されています。

また、投資家から集めた資金以外に、Ｊ‐ＲＥＩＴは金融機関から借入を行ったり、あるいは投資法人債という社債を発行したりして資金調達を行い、さまざまな不動産物件を購入しています。

こうして組成されたＪ‐ＲＥＩＴという投資法人は、投資口という有価証券を発行し、それを証券取引所に上場しています。

投資口は株式と同じように、不特定多数の投資家によって日々、売買されています。そのため、株価に該当する「投資口価格」は取引時間中、需給によって変動します。

なぜいきなりＪ‐ＲＥＩＴを取り上げたのかというと、実はＪ‐ＲＥＩＴは株式の高配当利回り銘柄に引けを取らないくらい、高い分配金利回りを実現しているからです。ちなみに、Ｊ‐ＲＥＩＴのインカムゲインは配当ではなく**分配金**と言います。

現在、東京証券取引所に上場されているＪ‐ＲＥＩＴは、全部で58本あります。全部の平均分配金利回りは、２０２３年11月10日時点で４・28％です。平均で４・28％ですから、結構高いことがお分かりいただけると思います。

最も分配金利回りが高いのは「タカラレーベン不動産投資法人」で、同日の分配金利回りは５・48％です。分配金利回りが５％を超えている銘柄は、全部で11本もあります。逆に、４％を下回る銘柄は、58本中10本ですから、大半のＪ‐ＲＥＩＴの分配金利回りが４％を超えていることになります。

Ｊ‐ＲＥＩＴの良いところは、**「賃料収入の90％以上を投資家に分配する」**というルールがあることです。その代わり、投資法人としての法人税が免除されています。この明確な分配金ルールが設けられていることによって、Ｊ‐ＲＥＩＴの分配金は非常に透明性が高いと言えるのです。

ただ、投資の世界では「高利回り＝リスク高」というのが定説です。では、Ｊ‐ＲＥＩＴの場合はどうでしょうか。

Ｊ‐ＲＥＩＴには、**長期発行体格付**が付与されている銘柄があります。なかには格付未取得という銘柄もありますが、格付については投資家の関心も高いので、最近は格付を取得しているＪ‐ＲＥＩＴが多数あります。

Ｊ‐ＲＥＩＴの信用力を見るのであれば、この長期発行体格付が参考になります。基本的にＡであれば、債務履行の可能性が高いと考えられるので、信用力に関してはひとまず問題ないと考えて良いでしょう。

ただ「Ａ－」だと、あと1ノッチ下がると「ＢＢＢ」になってしまいます。ＢＢＢは、それよりも上位の格付に比べて**将来、債務履行の確実性が下がる**と定義されるので、出来れば最低でも「Ａ」、ないしは「Ａ＋」であることが望ましいと考えます。「ＡＡ」なら、信用力については、ほぼ問題ありません。

基本的に、分配金利回りを狙う投資法は、積極的に資産価値の向上を目指す資産形成層の投資法というよりも、ある程度の資産を築いた人が、投資対象から得られるキャッシュフローを生活費の一部に充てるといった、資産活用層向けの運用法になります。長期で運用する前提なら、やはり格付をチェックして、信用力の高いＪ‐ＲＥＩＴを選んだほうが無難でしょう。

また、組入不動産については、オフィス特化型や商業施設特化型のような、特定の不動産タイプにのみ特化して投資するものよりも、総合型のように、さまざまな不動産タイプに分散投資するもののほうが、景気の良し悪しによる組入不動産の価格変動リスクを軽減できます。

新NISAについては後述しますが、J‐REITは新NISAの口座を通じての投資に親和性があります。

新NISAの対象には、投資信託だけでなく株式やJ‐REITも含まれます。つみたて投資枠で購入できる商品は、金融庁によって適格とされた株式投資信託に限定されていますが、成長投資枠であればJ‐REITにも投資できます。

ただし、J‐REITへの投資はあくまでも成長投資枠でのみ可能なので、非課税保有限度額は1200万円まで。仮にJ‐REITを1200万円保有したうえで、新NISAの非課税保有限度額である1800万円を満たそうとするならば、残りの600万円はつみたて投資枠を使い、J‐REIT以外の株式投資信託に投資することになります。

そして新ＮＩＳＡの成長投資枠で購入したＪ‐ＲＥＩＴの分配金、値上がり益は、非課税になります。仮に分配金利回りが年４％のＪ‐ＲＥＩＴを１２００万円分保有すれば、毎年48万円の分配金を非課税で受け取ることができます。５％の分配金利回りのＪ‐ＲＥＩＴを１２００万円分保有すれば、毎年の分配金は60万円にもなります。

年間60万円の分配金だとすると、毎月の額は５万円です。これは「老後２０００万円問題」で、高齢者夫婦無職世帯の平均的な家計収支で不足するとされる月５万４５２０円とほぼ同額。つまり分配金利回り５％のＪ‐ＲＥＩＴを、成長投資枠いっぱいに保有すれば、老後２０００万円問題など気にせずに済むのです。

このような利用法も含めて考えると、Ｊ‐ＲＥＩＴは資産活用層が新ＮＩＳＡの口座を活用して投資するには、最適な商品といえます。

第4章

新NISAを活用した高配当株投資

運用益が非課税になる制度

高配当利回り銘柄投資は、文字通り高配当利回りが魅力です。そして、その魅力を最大限に活かすうえで注目されているのが、2024年1月からスタートした、**新NISAという投資非課税制度**です。

とくに、これから資産形成をする人や、夫婦で保有している家計の金融資産が3600万円の人たちにとっては、絶大といっても良いほど経済効果の高い制度なので、これを利用しないことのほうがおかしいと断言しても良いでしょう。

なぜなら、夫婦を合わせて最大3600万円の非課税枠を超えてしまうほどの金融資産を持っている世帯は、ほとんどないと考えられるからです。

このことはデータにも示されています。図19に2人以上世帯の年代別貯蓄額の平均値と中央値を挙げてみました。平均値は、高額貯蓄世帯の影響によって高いほうに引っ張られるので、ここでは中央値も見ています。

図19　**年代別貯蓄額。平均値と中央値では印象は変わる**

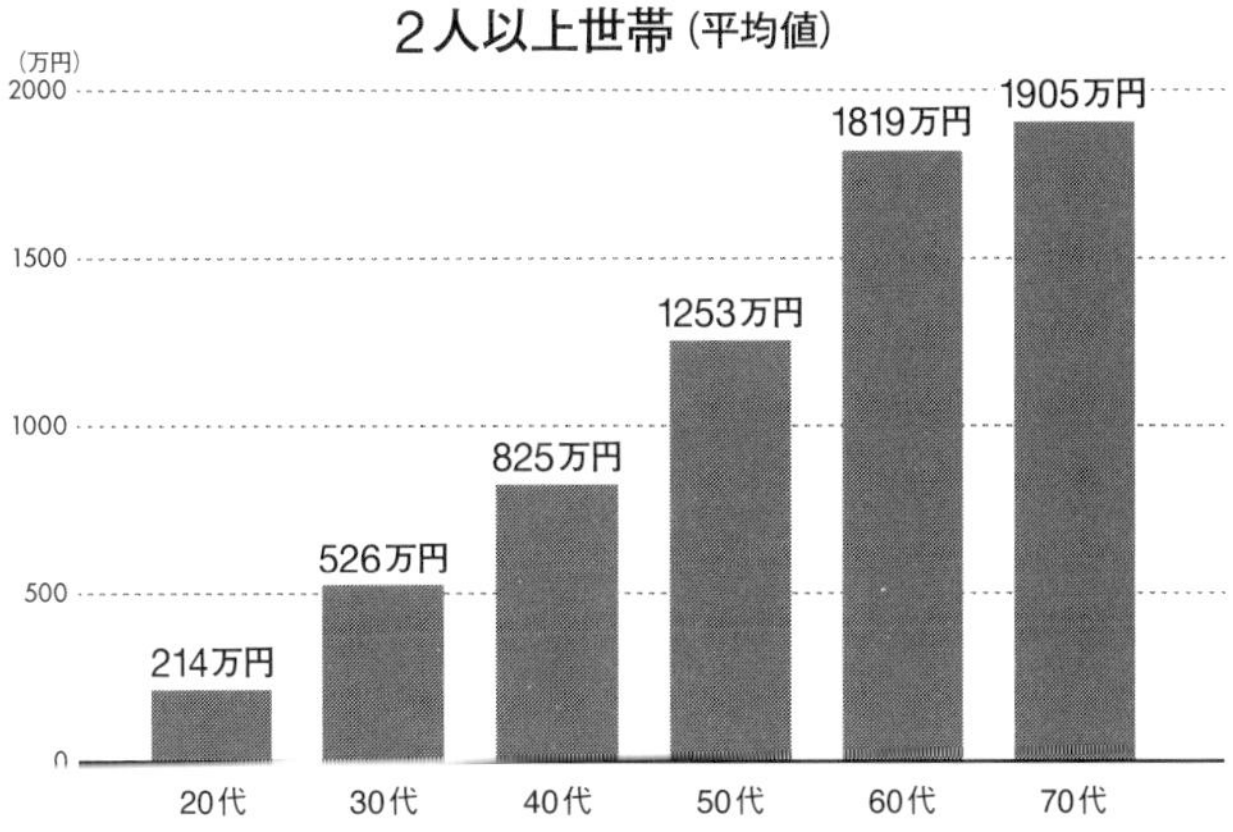

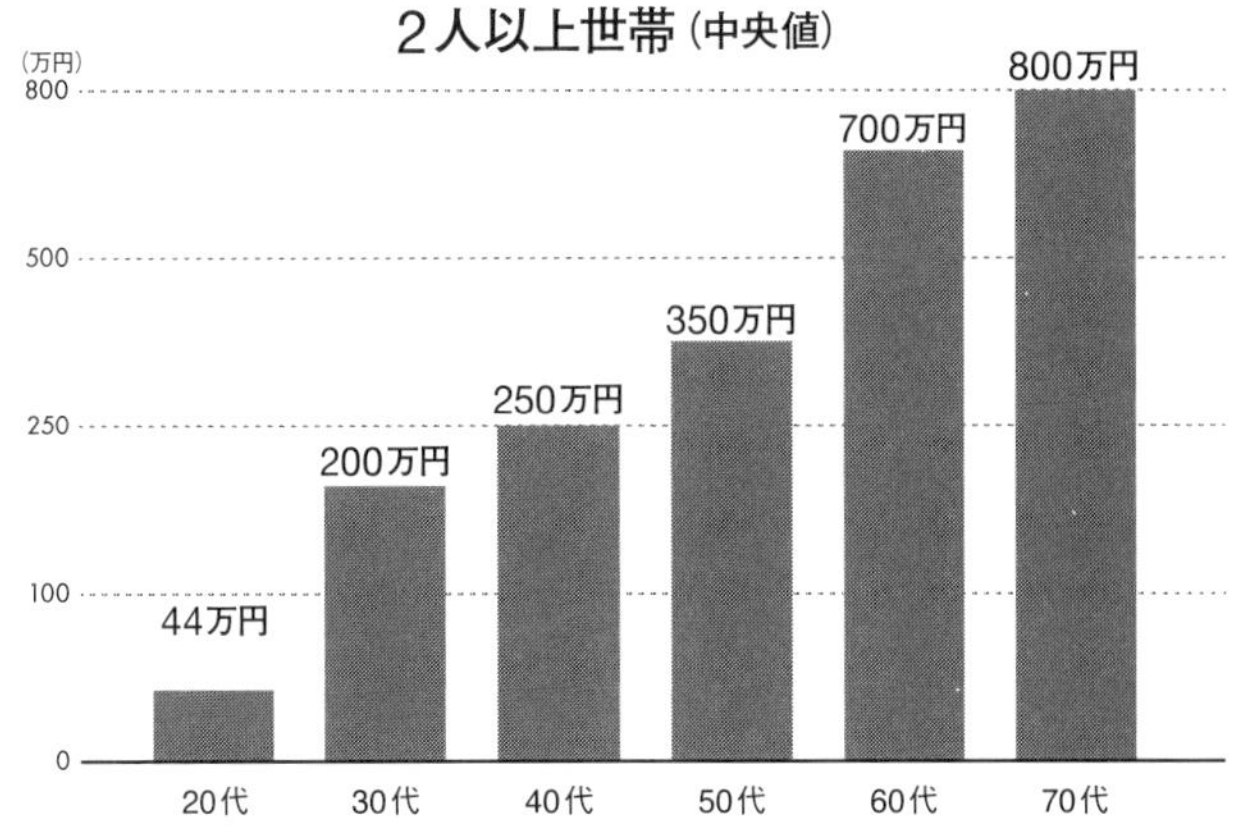

出所：金融広報中央委員会

このように、夫婦で生活している2人以上世帯に関して、貯蓄額の平均値、中央値の両方について、新NISAの非課税枠の範囲内に収まっています（単身世帯も範囲内に収まっています）。

この点からも、多くの家計にとって新NISA口座を通じた資産運用は、運用収益に対して課税されることなく、有利に資産形成、資産活用ができるので、まずは新NISAの口座開設を検討してください。

非課税期間が恒久化

新NISAは、旧来のNISAである一般NISAとつみたてNISAの後釜として、2024年1月からスタートした投資非課税制度です。

新NISAの内容は、旧来の一般NISAやつみたてNISAに比べて格段に良いものとなりました。その最大のポイントは、**口座開設期間の恒久化、非課税期間の無**

図20　**新NISAの特徴**

	新NISA制度	
	つみたて投資枠	成長投資枠
制度併用	併用可能	
年間投資枠	360万円	
	120万円	240万円
非課税保有限度額	1,800万円 売却することで買付額分の枠の再利用が可能	
		（うち成長投資枠1,200万円）
非課税保有期間	無期限	
制度実施期間	2024年～（恒久化）	
対象年齢	18歳以上の成人	
買付方法	積立	スポット・積立
対象商品	投資信託	株式・投資信託・ETF

出所：金融庁の「NISA特設ウェブサイト」を基にマネックス証券作成

期限化、そして非課税限度額が１８００万円まで大幅に拡大されたことです。

　旧来の一般ＮＩＳＡは２０２３年、つみたてＮＩＳＡは２０４２年が、口座を利用できる最終年とされた時限的な措置でした。

　これらに対して新ＮＩＳＡは、**制度そのものが恒久化されたので、いつが最終年になるとか、非課税期間は何年間か、といった期限が一切ありません。**１８００万円という非課税保有限度額さえ守れば、いつ始めても、またいつまで運用し続けたとしても、その間に生じた運用収益は非課税になるのです。

解約した後、枠が復活するのも、新NISAのメリットのひとつ。

たとえば今、新NISA口座で運用しているお金が、「簿価ベース」で700万円だとします。その後、不意の資金需要が生じて500万円分を解約・売却しました。この場合、新NISAで運用しているお金は、簿価ベースで200万円になります。そして、解約・売却を行った年末を跨いだ翌年以降、その500万円分が新しい枠として復活し、再び投資できるようになるのです。

今、「簿価ベース」という言葉を用いました。これは、購入金額ベースということです。新NISAを通じて、投資信託を1000万円分購入したとします。それが値上がりして800万円の評価益が発生したとすると、新NISAで運用している資金は1800万円になります。でも、実際に買い付けた金額は1000万円なので、新NISAで投資している金額は、あくまでも1000万円であり、まだ800万円分、投資できる余地があることになります。

新NISAの枠は年間360万円

次に、年間の投資枠について触れておきましょう。

前述したように、非課税限度額は１８００万円ですが、一括で１８００万円の枠を使えるわけではありません。年間の投資枠が決まっていて、その総額が３６０万円になります。

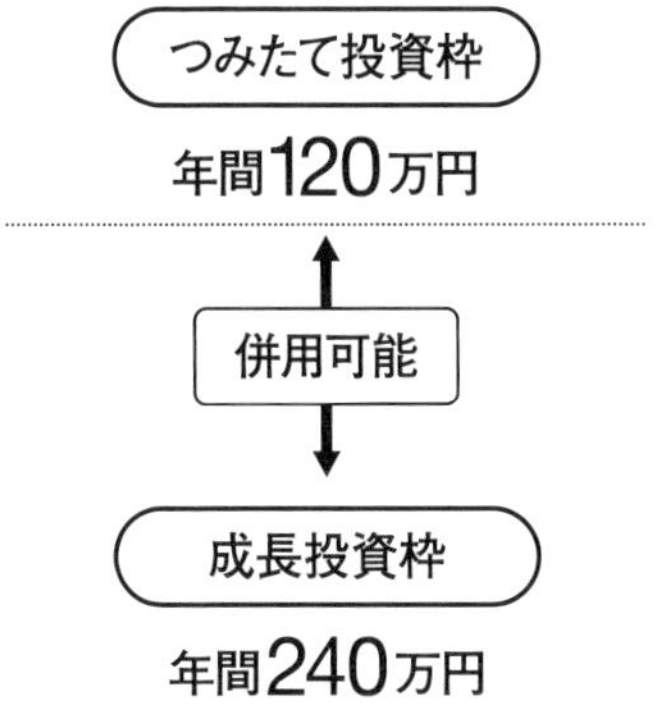

このうち、**１２０万円が「つみたて投資枠」**であり、残りの**２４０万円が「成長投資枠」**となります。

恐らく高配当利回り銘柄への個別株投資で新ＮＩＳＡを活用しようと考えている人は、１８００万円の枠めいっぱいまで、個別銘柄で運用したいと思っているでしょう。でも、残念ながらそれは出来ません。新ＮＩＳＡにおいて、１８００万円の非課税枠をフルに活用しようとするならば、「つみたて投資枠」を併用しなければならないのです。

成長投資枠は、非課税限度額である1800万円のうち1200万円までの利用しか認められていないため、非課税限度額いっぱいまで枠を利用しようとする場合は、残り600万円はつみたて投資枠を用いて、**つみたて投資枠での購入が認められている投資信託、およびETFを買い付ける**ことになります。

つみたて投資枠と成長投資枠では、投資できる商品が違う点にも注意してください。つみたて投資枠で購入できるのは、金融庁が設けた基準に合致した株式投資信託、ならびにETFだけです。2024年1月4日時点で、つみたて投資枠で購入できる株式投資信託は、インデックス型が227本、アクティブ型が45本、そしてETFが8本の合計280本。現在、運用されている投資信託の本数が全部で6000本弱であることからすると、つみたて投資枠を通じて購入できる投資信託は、そのごく一部に過ぎないことが、お分かりいただけるでしょう。

これに対して**成長投資枠は、より幅広い商品に投資できます**。ただ、投資信託に関しては、次の３つの除外要件が定められています。

①信託期間が20年未満の投資信託等
②毎月分配型の投資信託等
③デリバティブ取引を用いた一定の投資信託等

よって、３つの条件のいずれかに当てはまる投資信託は、成長投資枠から外されます。ちなみに③に該当する投資信託とは、「○倍ブル」とか「○倍ベア」といった言葉がファンド名に付いている投資信託に見られるように、たとえば株価指数先物取引などを用いて、マーケットの値動きに対して数倍の値動きをする、投機的な投資信託を指しています。

そして、これらの条件に該当する投資信託を除外したうえで、各運用会社が成長投資枠で購入できる投資信託、ならびにＥＴＦを申請し、成長投資枠で買付可能となった本数は、未上場の投資信託が１８４３本、ＥＴＦが３０１本の計２１４４本となっています（２０２４年１月24日現在）。

もちろん、**成長投資枠は投資信託とETFだけでなく、株式の個別銘柄やJ－REITにも投資できます**（ただし株式の個別銘柄については、整理銘柄や管理銘柄に該当するものは対象外）。

なお、旧来のNISAでは、一般NISAとつみたてNISAの併用は認められていませんでしたが、新NISAではつみたて投資枠と成長投資枠の併用が可能です。

口座をつくる金融機関を選ぶヒント

このように、個人が非課税投資をするうえで魅力的な新NISAですが、ひとつだけ面倒な縛りがあります。それが「1人1金融機関1口座」のルールです。

新NISAは、口座開設年の1月1日時点で18歳以上の日本居住者であれば、口座を開設できます。

1世帯につき1口座ではなく、あくまでも1人1口座なので、結婚して夫婦が揃っており、かつ18歳以上の子どもを持つ家庭なら、子どもが1人だとしても、3人で3つの口座を持つことができます。1口座に付き非課税限度額は1800万円ですから、3人家族だとしたら、世帯ベースで見れば5400万円の非課税枠が持てることになります。

ただし、前述したように「1人1金融機関1口座」のルールがあります。したがって、新NISAを始めるにあたり、どの株式に投資すれば良いのか、どの投資信託を買い付ければ良いのか、という話の前に、**どの金融機関で新NISAの口座を開設すれば良いのか**、という問題を考えなければなりません。

新NISAで資産形成をしていくつもりなら、この点を慎重に考える必要があります。自分は「単一の投資信託をずっと持ち続ければ良い」と考えているのか、それとも**「自分で複数の株式、投資信託に分散させたい」**と考えているのか、ということです。特に後者の考え方をしているのであれば、なおのこと新NISAの口座を開設する金融機関選びを、真剣に行う必要があります。

それもこれもすべて「1人1金融機関1口座」のルールがあるから。つまりA証券会社とB銀行の両方に新NISAの口座を開くことは出来ないのです。

特に注意しなければならないのは、新NISAの口座で高配当利回り銘柄を買おうと考えていて、かつ旧来のNISA口座を銀行に持っていた場合です。

旧来のNISA口座を通じて投資してきた人は、何も手続きを取らなければ、そのまま同一金融機関で新NISAが継続されます。しかし、銀行の新NISA口座では株式やJ‐REITを買うことはできません。加えて前述したように、新NISAは「1人1金融機関1口座」のルールがあるため、他の金融機関に改めて新NISAの口座を持つことも出来ません。その場合は銀行の新NISA口座を閉鎖したうえで、証券会社に新NISAの口座を開設し直す必要があります。

また投資信託を購入する場合も、新NISA口座を開設する金融機関を慎重に見極める必要があります。なぜなら**投資信託は、株式のようにどの証券会社でも同じ銘柄が買えるものではないから**です。

株式の個別銘柄やJ‐REITの場合、証券会社であればA証券会社でも、B証券会社でも、同じ銘柄を買うことが出来ます。

しかし投資信託は、投資信託会社と販売金融機関との間で契約を結んで販売しているため、たとえば**A証券会社が扱っている投資信託を、B証券会社でも扱っていると は限らない**のです。口座を開設する前に、しっかり自分の欲しい投資信託を扱ってい るかどうかを確認するようにしてください。

もうひとつ、金融機関選びで注意しなければならないのは、品数です。新NISA 口座を開設できる金融機関の中には、投資信託会社もあります。いわゆる「直接販 売」を行っているわけですが、**投資信託会社の場合、自社運用ファンドしか新NIS A口座で購入できません**。

なかには運用しているファンドが1本しかないようなところもありますが、この手 の投資信託会社に新NISAの口座を開いてしまうと、投資信託の分散投資もできま せんし、ましてや高配当利回り銘柄に投資することもできなくなります。旧来のNI SAでこの手の投資信託会社に口座を持っている人は、この点に注意してください。

基本的に買ってそのまま何もしない

では、新NISAを活用した高配当利回り銘柄投資について考えていきたいと思います。が、**実は何もしなくても良い**というのが、その答えです。

高配当利回り銘柄投資の目的は、これまで幾度となく触れてきましたが、キャピタルゲインをねらうことではありません。もちろん、大きく値上がりしたら、その時点で利益確定させるという手もありますが、基本的には値上がり益狙いではなく、安定した配当を長期的に得ていくことに、この投資法の醍醐味があります。

高配当利回り銘柄投資の最大の魅力は、その銘柄を買い付けた瞬間、収益性が確定することです。毎年、1株あたり100円の配当を支払っている銘柄を2000円の株価で買い付けることができたら、その時点で5％の配当利回りが確定します。その後、株価が3000円に値上がりしたとしても、逆に1000円に値下がりしたとしても、その銘柄を売却しない限り、あるいは買い増さない限り、**5％の配当利回りは不変**です。したがって、年5％の配当利回りで良しとするならば、何もしなくて良いのです。

注意しなければならないのは、株価が大きく上昇したとき、その時点の株価で計算した配当利回りが大きく低下したのを見て、「配当利回りが悪くなったから売却しよう」などという勘違いをしがちなことです。

たとえば配当利回りが5％のときに買い付けた銘柄の株価が倍になり、かつ年間配当の額が変わらなかったら、配当利回りは2・5％に低下します。インターネットの株式投資サイトなどを見ると、リアルタイムで配当利回りが表示されていますから、それを目にして早とちりしないように注意してください。

とはいえ、配当利回りが5％から2・5％に低下したとしても、株価が倍に値上がりしているのだとしたら、少々悩みどころではありますが、売却も視野に入れて良いかもしれません。1株につき100円に配当を出している企業の株価が、2000円から4000円に値上がりしたということは、単純計算でも「20年分の配当」を受け取ったのと同じ効果が得られたことになります。だとしたら、**むしろ積極的に売却して、銘柄を入れ替えたほうが得策でしょう**（売却のヒントについては次章で触れます）。

もうひとつの注意点は、投資先企業の経営状況が悪化して、配当が減らされるリスクです。

経営者側は、できる限り減配を避けたいと考えています。したがって、よほど業績が悪化しない限り、配当を減らすことはないのですが、減配リスクがゼロとは言えません。もし減配となったら、そのときは投資している銘柄を見直す必要も出てきます。ただ、これも複数銘柄に分散投資することによって、かなりの程度までリスクを軽減できます。

たとえば20銘柄で平均5％の配当利回りを実現できたとするならば、そのなかの1銘柄が減配になり、配当利回りが3％程度まで低下したとしても、ポートフォリオ全体に及ぼすリスクは最小限に抑えられます。だからこそ、最低でも**10銘柄くらいの分散投資からスタートさせて、ゆくゆくは30銘柄くらいのポートフォリオ**になるまで、徐々に銘柄を増やしていきたいのです。

「つみたて投資枠」では何を買うか

新ＮＩＳＡで高配当利回り銘柄に投資する際には、最大１２００万円の非課税枠が認められている成長投資枠を使うことになりますが、これだけでは１８００万円の新ＮＩＳＡの非課税枠をフル活用できません。そこで、残り６００万円で**「つみたて投資枠」の対象となっている投資信託、あるいはＥＴＦを積み立てておきましょう。**つみたて投資枠の年間投資枠は１２０万円なので、これを12で割ると、１カ月あたり10万円。

本当なら、つみたて投資枠で購入できる投資信託やＥＴＦの中に、高配当利回り銘柄を組み入れて運用するタイプがあればベストなのですが、残念ながらつみたて投資枠で購入できる投資信託やＥＴＦに、この手の銘柄は現時点においてはラインナップされていません。

なぜなら、つみたて投資枠の対象ファンドは、金融庁が指定した指数連動のインデックスファンドか、図21のような条件を満たしたアクティブファンドしかつみたて

図21　つみたてNISAの対象商品の要件（アクティブ運用投資信託等）

指定インデックス投資信託以外の投資信託の要件

政令の要件
- ○ 信託契約期間が無期限又は20年以上であること
- ○ 分配頻度が毎月でないこと
- ○ ヘッジ目的の場合等を除き、デリバティブ取引による運用を行っていないこと

上記の政令の要件に加え、以下の要件を満たすことが必要

〈共通要件〉

以下の要件を全て満たすこと
- ・純資産額が、50億円以上
- ・信託設定以降、5年以上経過
- ・信託の計算期間のうち、資金流入超の回数が2/3以上であること
- ・主たる投資の対象資産に株式を含むこと
- ・販売手数料：ノーロード（注1）
- ・受益者ごとの信託報酬等の概算値が通知されること
- ・金融庁へ届出がされていること

①国内資産を対象とするもの
- ・信託報酬：1%以下（税抜き）（注2）

②海外資産を対象とするもの
- ・信託報酬：1.5%以下（税抜き）（注2）

（注1）解約手数料、口座管理手数料についてもゼロであること。信託財産留保額の有無については、対象商品の要件とはしない。
（注2）ファンド・オブ・ファンズにおける投資対象ファンドの信託報酬を含む。

出所：金融庁

投資枠ファンドにはなれないからです。

条件を満たせば高配当株に投資しているファンドでもつみたて投資枠対象として、金融庁の承認が得られるかもしれませんが、いまのところ、金融庁の認可を受けている中に、日本の高配当株に投資しているようなファンドはなさそうです。今後、対象に加わることが期待されます（最新の対象商品は、金融庁のサイトにてご確認ください）。

新NISAの次は、課税口座も活用

新NISAがスタートして、いろいろなところで話題になっていますが、ひとつだけ気になることがあります。

確かに、新NISAを使って1800万円の非課税枠を確保できるのは魅力的ですが、何となく1800万円の非課税枠を満たすところまで辿り着けたら、それでもう安心などと思っていませんか。

もちろん前章で述べた「老後2000万円問題」で月々、不足する5万4520円をカバーするためのキャッシュフローを確保するのであれば、成長投資枠をめいっぱい使い、配当利回り5％程度の複数銘柄でポートフォリオを構築することによって、ほぼ実現可能になります。

でも、本気の資産形成をするのであれば、たかだか新NISAの枠を満たしたからといって、そこで満足してはいけません。何も、新NISAの枠だけでしか投資をしてはいけないという決まりはないのですから、**課税口座を使って、さらに資産総額を増やしていくこと**を目指しましょう。

確かに、特定口座の源泉徴収ありを選ぶと、配当に対して20・315％の税金が課税されますが、それを差し引いた残りはキャッシュフローとして確保できます。

仮に、**課税口座で８０００万円の資産を築くことができ、そこから５％の配当金を継続的に受け取ることができたら、税引き後でも毎年３２０万円の配当収入が得られます。**

これに成長投資枠で投資している高配当利回り銘柄から、毎年60万円の配当収入が加算されると仮定すれば、年間で３８０万円もの配当収入が得られることになります。

３８０万円の配当収入を1カ月あたりに均《なら》すと、32万円です。生活費としては十分な金額といっても良いでしょう。加えて65歳以上になれば、公的年金が加算されます。

よく自営業者の方から、「国民年金しかないので老後が不安だ」という話を聞きます。会社員であれば、「厚生年金＋国民年金」で、老後の年金はある程度、手厚いのですが、自営業の方だと、支給される年金額は満額で月6万８０００円程度です。夫婦でも13万6０００円ですから、不安になる気持ちも分かります。

だからこそ、**現役のうちに1年でも早く1億円の金融資産を築いて、高配当利回り銘柄のポートフォリオを組むべき**なのです。

1カ月あたり32万円の配当収入に、夫婦で月13万6０００円の公的年金が加われば、月々の収入は45万6０００円です。

しかも、32万円の配当収入は、あくまでも1億円の投資元本から生み出されるキャッシュフローですから、毎月これだけの配当収入を得続けたとしても、1億円の投資元本は一切減りません。そのうえ、もし株価が上昇していけば、1億円の資産価値がさらに増えていくのです。

1億円の金融資産を築くのはかんたんではありませんが、目標としてこのくらいの水準を設定したいものです。

高配当株ポートフォリオは、年代に縛られずオールラウンド

たびたび「年代別に、どういうポートフォリオが良いのか?」という質問を受けます。

一般的によく言われるのは、若いうちほどリスクの高い金融商品を多めに保有し、高齢者になるほど、リスクの高い金融商品の保有比率を落としていく、ということです。本書の113ページでも同様のことを述べました。

確かに一見、理に適っているように見えます。年齢が若いうちはリスクをとっても構わないと言われる根拠は、独身のうちは子供の教育費もかからず、多額の住宅ローン支払いに追われることもないのに加え、これから年齢が上がっていくにつれて収入が増えていくからというところにあります。

しかし高齢者、特にリタイヤをして収入が公的年金に限定される人は、投資で大きな損失を被ると、収入面でその損失をカバーするのが困難になるので、出来るだけリスクを抑えた運用を心がけたほうが良い、とされています。つまり株式よりも、預貯

金や債券の比率を高めろ、ということです。

でも、私が考える高配当利回り銘柄での運用は、年代別にポートフォリオを調整する必要は全くありません。

なぜなら、投資元本をキャピタルゲインで大きく増やすことに主眼を置いていないからです。

大事なのは、あくまでも配当です。インフレリスクをヘッジするため、物価上昇率に比べて高い配当利回りを長期的に、かつ安定的に受け取っていくための方法を考えるのが、この本の目的でもあります。

したがって、年齢が若いからリスクの高い金融商品を多めに保有するとか、高齢者だから元本割れリスクの低い安定した金融商品を多めに保有するとか、そういうことは一切関係ありません。**安定して高めの配当を得られる運用がしたいと考えている人は、年齢に関係なく、ポートフォリオは皆同じ**です。

本書では最終章に、高配当利回り銘柄投資をするのに適していると思われる銘柄を、30銘柄ほど挙げています。これらの参考銘柄を中心にして、30銘柄すべてに分散投資しても良いですし、そこまで分散させると、ポートフォリオの管理が面倒だと思うのであれば、10銘柄程度に分散するだけで、かなりの分散投資効果を得ることはできるでしょう。

大事なのは、特定の銘柄に集中投資してしまい、その銘柄の減配リスクや、倒産リスクをモロに被らないようにすることです。これは長期的に各銘柄を保有し、そこから配当を得続ける戦略を実行していくうえで、一番留意しておくべきことです。

年代別の違いを強いて挙げるのであれば、高配当利回り銘柄と連続増配銘柄の比率でしょう。

前述したように、連続増配銘柄はバリュー銘柄というよりも、グロース銘柄の色合いが濃いので、たとえば長期的な資産形成をする段階、つまり比較的年齢の若いうちは連続増配銘柄に比重を置いたポートフォリオにするのもいいでしょう。

たとえば**連続増配銘柄を6割、高配当利回り銘柄を4割**にするとか、もう少し成長性を取りたいのであれば、**連続増配銘柄を7割、高配当利回り銘柄を3割**という資産配分でポートフォリオを組んでも良いでしょう。これがシニア世代であれば、**高配当**

図22　**年代別ポートフォリオの配分例**

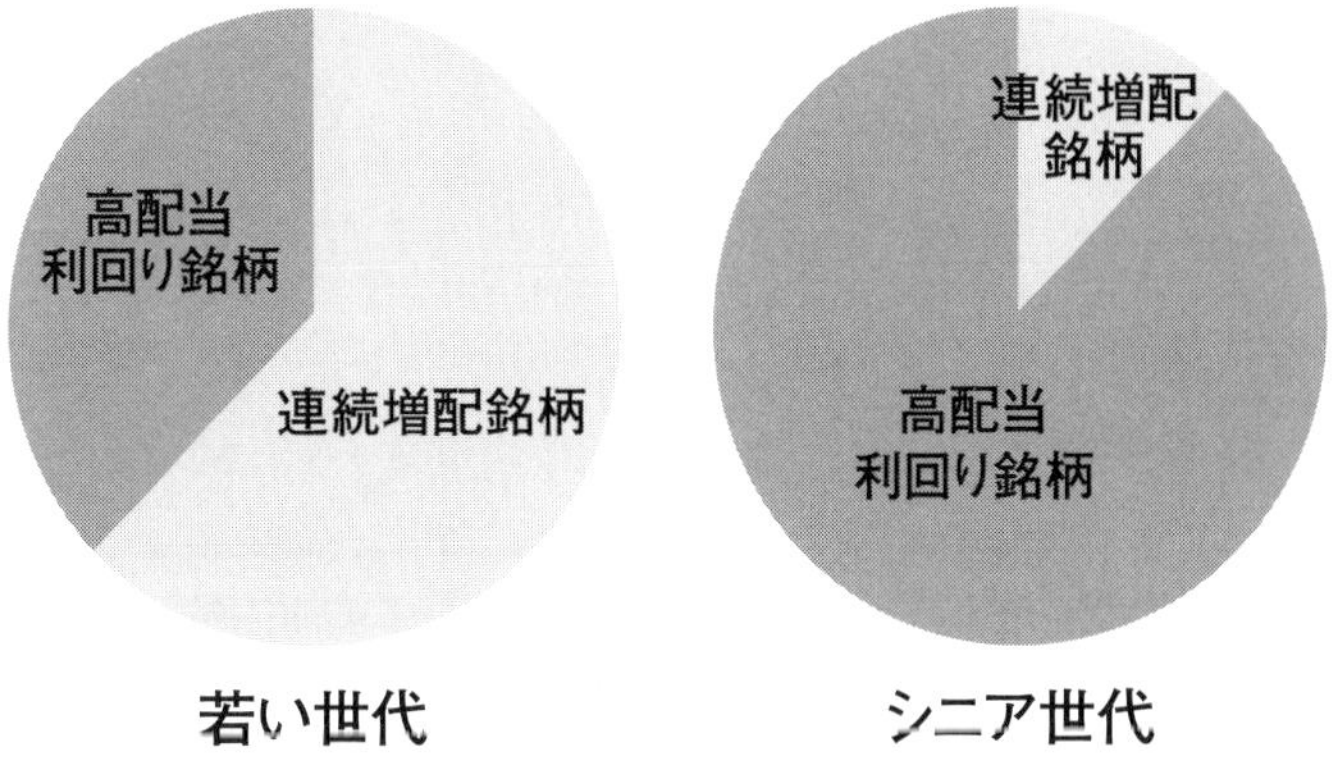

利回り銘柄を8割から9割くらいまで高めて運用します。

それと、これも繰り返しになりますが、若い世代とシニア世代の運用スタイルの違いという点について申し上げるとしたら、**若い世代は受け取った配当を必ず再投資すること**。間違っても、豪華なディナーなどに使ってはいけません。対してシニア世代は、生活費の一部に充当するために高配当利回り銘柄を保有するのですから、自由にお使いになれば良いでしょう。

最後に、配当は株主還元のために行われるものですが、株主還元という点では

「株主優待」に注目して投資する人も少なくありません。株主優待とは、株主に、自分たちがどのような製品・サービスを提供しているのかを深く知ってもらうために、製品やサービスを割安の価格で利用できる権利を提供するものです。一時期、と言うか今もそうだと思うのですが、個人投資家の中には株主優待欲しさで銘柄を選んでいる人も、少なからずいます。

ただ、株主優待は資産形成という観点から見ると、とらえ方が難しいです。金銭ではないので、再投資ができません。

ただ、頻繁に投資先企業の製品やサービスを購入する方であれば、金銭的支出の代替となって、株主優待で浮いた分のお金を投資に回すことで、実質的に金銭価値を受けられる、と考えることもできるでしょう。たとえば飛行機の株主優待券やオリエンタルランドが提供している、ディズニーランドの優待パスポートなどが分かりやすいものです。

株主優待の価値そのものではなく、株主優待を行っている企業への投資という観点からは、別のメリットもあるようです。根津アジア・キャピタル・リミテッドの創設者兼マネージングパートナーであるデイビッド・スノーディーさんの分析によると、株主優待を行っている企業のボラティリティは低いという特徴が認められるといいます。株主優待にもそれなりの意義があると言えるでしょう。

第5章

損しない買い方・売り方・選び方

極論すればいつ買ってもいい

高配当利回り銘柄投資は、買うタイミングをあまり気にする必要がありません。デイトレードのような超短期売買を繰り返すようなスタイルであれば、タイミングは重要です。

株価の下落が底を打ったと思われるところですかさず買いを入れ、上昇トレンドに乗れたら売り場を探す。逆に株価が天井を付けたと思ったところで信用の売りを建て、思惑通りに下落トレンドになったら、売ったものを買い戻すタイミングを狙う。これを繰り返すだけです。

相場の波は、分刻みの小さい波の連続が1時間という小型の波をつくり、1時間という小型の波の連続が、1日の大きな波をつくります。さらに1日の波が1週間の波をつくり、それが1カ月、1年単位の波をつくります。

多くの投資家は、この**波に乗ること**こそが、株式投資で成功する秘訣だと思っています。だから、「株式投資で儲けることは簡単だ。安く買って高く売ればいい」などという、詠み人知らずの箴言《しんげん》のようなものが、個人投資家の間で、まことしやかに言われるようになるのです。

確かに、短期の波を取りにいくデイトレーダーたちからすれば、この波が自分たちに儲けをもたらしてくれるものなので、常にチャートをチェックして、儲けるチャンスがどこにあるのかを、目を皿のようにして見ています。

でも、このような取引は極めて限られた人にしか出来ません。ずっとパソコンの画面に表示されたチャートを凝視し続けるのは、会社勤めをしている人や学校に通っている人には不可能です。

とはいえ、株式投資を専業とするために、会社を辞めたり、学校を中退したりするわけにもいかないでしょう。もちろんそうして専業投資家として成功している方もいらっしゃいますが、多くの人はそこまで踏み切ることはできません。そうであるにもかかわらず、時代は投資することを必要としています。そして、必要だと思っているからこそ、私もこの手の本を書いているわけです。

では、普通に会社勤めをしているような人が株式投資をするには、どうすれば良いのでしょうか。

その答えが、本書にもある**高配当利回り銘柄投資**なのです。

では、どうして高配当利回り銘柄投資が、普通に会社勤めをしているような人に適した投資法なのでしょうか。

それは、**いつ買っていつ売るのか、というタイミングを一切、無視して投資できるから**です。極論すれば、いつ買っても良いのです。

株式投資というと、多くの人は値上がり益を得ることに主眼を置きます。だからタイミングを重視するわけですが、高配当利回り銘柄投資は、値上がり益ではなく、配当を得るのが目的の投資法です。

たとえば自分が4%の配当利回りを欲しいと考えていて、それを実現している銘柄があったら、即買いなのです。

前述したように、投資家にとっての**配当利回りはその銘柄が買えた時点でほぼ確定します**。その銘柄を保有し続け、かつ配当額が変わらない限り、投資コストも利回りも変わりません。

極端な言い方かも知れませんが、納得できる配当利回りの水準であれば、その後、株価がどれだけ下げたとしても、全く関係ないのです。株価の値動きなど忘れてしまっても良いくらいです。

最大のリスクは、乗り遅れること

株式や投資信託を買う方法として、よく投資初心者向けの本で書かれているのは、一度にまとまった金額で購入するのではなく、数回に分けて購入しましょう、という方法です。

それも、できれば積立投資が良い、ということなのですが、**高配当利回り銘柄投資の場合は、出来れば自分が投資できる資金を早くまとめて投資したほうが良い**と思います。

なぜ一般的には積立投資が良いと言われるのか、ご存じでしょうか。ちょっと投資をかじった経験のある人なら、恐らく多くの方が「ドルコスト平均効果が得られるから」と答えるのではないでしょうか。

ドルコスト平均効果とは、一定の期間を開けながら、一定金額で、同一のものを買い続けることです。たとえば毎月25日に、東証株価指数に連動するインデックス型投資信託を1万円ずつ買っていく、というのがそれです。

定額積立投資は、何となく価格変動リスクを緩和できそうな気がするので、特に投資初心者に対して勧められる傾向があります。

でも、高配当利回り銘柄投資の場合、私は**出来ることなら一括で投資する**ことをお勧めします。

ドルコスト平均効果は、値段が大きく下がった後、上昇に転じたときに効果を発揮します（細かいシミュレーションは割愛します）。株価はもちろん値下がりするだけでなく、**値上がりすることもあります**。値上がりすればキャピタルゲインを得ることはできますが、問題は配当利回り狙いで長期投資する場合、配当額が変わらないと、配当利回りが下がってしまうことにあります。

逆に株価が下落すれば、配当利回りは上昇しますが、キャピタルゲインは得られません。株価が上昇するか、それとも下がるかは誰にも分かりません。だからこそ、**現状の配当利回りで納得できるのであれば、運用できる資金を総動員させて、納得できる利回り水準の段階で、配当利回りを確定させたほうが良い**のです。

高配当利回り銘柄投資にとって最大のリスクは、**株価が値上がりして、自分の望む配当利回りが得られなくなること**だと理解してください。

普通、株式投資をする場合、多くの人が恐れるのは、自分が投資したときの株価よりも値下がりすることです。でも、それはキャピタルゲインを狙った投資をしているからです。高配当利回り銘柄投資の**最大のリスクは、自分が投資する前に、お目当ての銘柄の株価が上昇してしまうこと**です。その意味では、発想の転換が必要だとも言えるでしょう。

保有期間中は「減配」に要注意

繰り返しになりますが、**高配当利回り銘柄は基本的に、買った銘柄を持ちっぱなしにする戦略**です。高い配当収入を得るのが目的ですから、売却することなど考える必要はありません。買った銘柄は保有し続け、定期的に配当収入を受け取っていくだけのことです。

しかし、だからといって放置したままで良いというわけではありません。なぜなら投資先企業の経営状況は、株価ほどではないにしても、時間の経過と共に変化していくからです。

もちろん、その変化が経営にとってプラスに作用するものなら何も問題はありませんが、ときにはマイナスに作用するものもあります。特に業績の悪化が深刻化すると、企業はそれを理由にして配当の額を減らすことがあります。いわゆる**「減配」**です。

配当利回りは、株式を買い付けた時点で確定します。買い付けた後は、株価が上がろうとも、また下がろうとも、配当利回りが変動することはありません。

しかし、**配当の額そのものが変動すると、想定していた配当利回りが実現しなくなるリスクが生じてきます**。配当は「当期純利益」といって、税引前当期純利益から法人税などを差し引いた残りの利益から支払われます。

したがって業績が悪化し、当期純利益がほとんど残らない状態になったり、赤字決算になったりした場合には、減配するか、あるいは配当を全く払わない「**無配**」になることもあります。結果、配当利回りが大きく低下してしまうことも、十分に考えられるのです。

もちろん逆に、会社の業績が極めて堅調なため、「**増配**」といって、配当の額が増額されるケースもあります。そうなれば、配当利回りは向上しますし、「**連続増配**」といって、毎決算期に支払われる配当の額が増加傾向をたどっている企業も、少なからず存在します。前述したように、連続増配銘柄が必ずしも高配当利回り銘柄とは限りませんが、**毎決算期の配当が安定している点は大いに評価できます**し、できるだけ配当支払いの持続性が高いと思われる銘柄に投資することをお勧めします。

では、自分の保有している高配当利回り銘柄が減配、あるいは無配に転じた場合、どうすれば良いのでしょうか。

この場合の対応策は一択です。**即、売却**です。

なぜなら、減配や無配に転じてから復配までの期間は、平均で**2・5年もかかる**からです。それだけの期間、じっと我慢しているのは全く無意味です。売却して、同じくらいの配当利回りが得られる銘柄に乗り換えるべきでしょう。このような事態に直面したとき、即時に対応できるようにするためにも、日頃から高配当利回り銘柄をチェックしておき、乗り換え候補銘柄をいくつか持っておくようにしてください。

ただ出来ることなら、そのような状況には直面したくないでしょう。なので、高配当利回り銘柄を選別する時点で、ある程度、減配や無配という状況に直面するリスクを排除しておく必要があります。

配当の安定性を把握するためには、**配当性向、過去の配当の推移をチェックすると良いでしょう**。もちろん、過去の実績が将来も続くという保証はありませんが、目安にはなります。

配当の額がほぼ同水準で長期間、維持されているならば、それは業績が比較的安定していて、配当の額も大きく減配されることはないという蓋然性につながります。

特に2008年のリーマンショックのような、企業の経営環境が大きく悪化したときに、どの程度まで配当を維持できているかという点は、配当の安定性を把握するうえで重要な参考材料になるでしょう。

また配当の安定性は業績の安定性とほぼイコールですから、過去の損益計算書をチェックしても良いでしょう。

売上高や営業利益、当期純利益といった数字が長期にわたって安定的に推移している企業であれば、必然的に配当の額も安定するはずです。こうした点を踏まえたうえで、高配当利回りを実現している企業があったら、それは「買い」です。

それと共に、**株式投資にとって本当に重要なのは「未来」**です。過去の損益計算書をチェックすることも大事ですが、大切なのは過去の数字から未来を想像することです。もちろん、未来のことなど誰にも分からないという意見もありますが、**分からないながらも、それを想像することが、株式投資の肝でもある**のです。

特別配当、記念配当に要注意

「高配当利回り銘柄　ランキング」と打ち込んで検索をかけると、さまざまなサイトで高配当利回り銘柄のランキングが出てきます。

この手のランキングを用いて、利回り上位銘柄を買っていくのが、高配当利回り銘柄への投資で最も簡単な方法ではあるのですが、問題は**瞬間的な高配当利回り銘柄**が上位にランクインしている可能性があることです。「特別配当」や「記念配当」による増配が、これに該当します。

やや昔の話になりますが、エンタテインメント事業を営んでいるエイベックスが10％超の配当利回りを出して話題を呼んだことがありました。当然、配当利回りランキングでも断トツのトップです。

では、このランキングを見てエイベックスに投資した人は、毎年10％超の配当利回りを享受できるのでしょうか。

残念ながら、そうはならないのです。

エイベックスがこの配当利回りを出したのは、２０２１年３月期決算の配当予想を、大幅に修正したからです。

ちなみに２０２０年３月期の決算では、９月の中間配当が１株あたり25円、３月の期末配当が同25円の計50円でした。それを２０２１年３月期決算においては、２０２０年９月の中間配当を前年度並みの25円としていたものの、２０２１年３月の期末配当を96円に大幅増額しました。

これは、エイベックスの業績が絶好調だったからではありません。同社は２０２０年12月に、本社ビルを７００億円で、カナダの不動産ファンドに売却する方針を固めたからです。これによって「固定資産（エイベックス本社ビル）の譲渡による特別利益」が計上され、２０２１年３月期における当期純利益が１５０億円もの黒字になりました。ちなみにその前年度にあたる２０２０年３月期決算は、11億円の赤字でした。つまり不動産売却によって得た利益が、瞬間的に業績を大きく押し上げたのです。そして、その結果として２０２１年３月期決算において、エイベックスは大幅に増配することを発表しました。

エイベックスが２０２１年3月期の期末配当を大幅に増額することを発表したのが２０２０年12月24日のこと。この日の同社の株価終値は１０８８円でしたから、年間配当額が１２１円だとすると、配当利回りは11・12％になります。確かに高配当利回りです。

しかし、エイベックスの高配当は、そう長続きするものではありません。２０２１年3月期こそ高配当でしたが、２０２２年3月期、２０２３年3月期の1株あたり配当金額は、以前と同様、50円に戻っています。まさに1期限りの特別な配当金でした。

「記念配当」も、特別配当と似たようなものですが、こちらは会社の創立記念や上場記念として配当金額を増額する、というものです。たとえば会社設立１００周年を記念して「普通配当40円、記念配当10円の計50円」を配当するという類です。

記念配当も、その期だけは配当利回りを押し上げる効果があるものの、基本的には1期限りなので、次の期からは普通配当の40円に戻されます。したがって特別配当と同様、この配当利回りが今後も続くと誤解すると、普通配当のみに戻ったとき、配当利回りが低下するという事態に直面することになります。

前述したように、業績悪化に伴う減配にも要注意ですが、特別配当や記念配当によるる配当利回りの底上げにも騙されないように、投資する際には高い配当利回りの要因をしっかり見極めるようにしてください。

どのようなポートフォリオを持てばいいのか

一般的に株式に投資する場合は、「銘柄分散やセクター分散に配慮しましょう」、などと言われますが、高配当利回り銘柄投資に関していえば、それほど分散投資に神経質になる必要はありません。

銘柄分散やセクター分散は、値動きの方向性が異なるものを組み合わせることによって、価格変動リスクを軽減させることに主眼が置かれています。

しかし、高配当利回り銘柄投資の場合、主目的は高い配当利回りの確保にあり、それは株式を買い付けた時点で確定するため、その後の株価変動にはそれほど神経質にならずに済むはずです。

もちろん、なかには自分の買値を下回るのが気になるという方もいらっしゃるでしょう。でも、本当の意味での高配当利回り銘柄投資は、配当利回りを確定させた後は、株価の値動きは無視するくらいでちょうど良いのです。値動きが気になって仕方がないという人は、恐らく高配当利回り銘柄投資は向かないでしょう。

値動きは基本的に関係ないのだとするならば、銘柄分散やセクター分散に対して、必要以上に神経質になる必要はないのです。

ただ、唯一気になるのは、同一セクターで複数銘柄に分散投資した場合の、**業績の同一性、類似性**です。

たとえばトヨタ自動車と日産自動車に投資した場合、商品力や企業体質、営業力などの違いで業績に差が生じることはありますが、基本的に両者とも同じ自動車業界に属しています。そのため、自動車業界というセクターの経営環境に逆風が吹くと、同じように売上や利益が減少して、配当に影響を及ぼす恐れがあります。

たとえば両社とも輸出企業なので、円高の急伸は円建ての売上、利益の減退につながります。このようにして業績が悪化すれば、当然のことながら減配リスクが高まってきます。それだけは極力避けなければなりません。したがって、ざっくりとしたイメージで結構なので、**セクター分散はしておいたほうが無難**です。

セクター分散をする場合は、プラス・マイナスの要素が逆のものを組み合わせましょう。たとえば**自動車のような輸出企業と、石油や電力などの輸入企業との組み合わせや、建設、不動産、小売、通信といった内需企業と、自動車、電機、精密機械、電子部品といった外需企業の組み合わせが代表的**です。

このような分散をすれば、特に外国為替市場で円安が進めば、輸出企業や外需企業の収益期待が高まり、円高が進めば、輸入企業や内需企業の収益期待が高まるため、一方の減益を、もう一方の増益で補うことが出来ます。結果的に、受け取れる配当も安定するというわけです。

あるいは、**高配当利回り銘柄と連続増配銘柄を組み合わせる**という考え方もあります。前述したように、高配当利回り銘柄は基本的にバリュー株が中心です。２０２２年に入ってから、本書を書いている２０２４年１月時点まで、基本的にバリュー銘柄が順調に株価を上げていますが、このようなバリュー相場が永遠に続くことはありえません。**どこかの段階でバリュー相場とグロース相場の逆転が起こるでしょう。**

そこで高配当利回り銘柄のポートフォリオの一部に連続増配銘柄を組み合わせておきます。連続増配銘柄はグロース株の要素も持ち合わせているので、高配当利回り銘柄=バリュー銘柄としての物色が一段落して株価が下落に転じたとしても、連続増配銘柄を組み合わせておけば、株価変動リスクを相殺させることができます。

確かに、高配当利回り銘柄投資は株価の値動きを気にしなくても良いのですが、中にはどうしても株価下落が気になるという方もいらっしゃるでしょう。そのような方には、連続増配銘柄との分散投資をお勧めします。

常に乗り換え候補銘柄を探しておく

高配当利回り銘柄投資は、一度ポートフォリオを構築したら売却することは考えず、長期的かつ継続的に高い配当収入を得るのが目的です。

しかし、運用している間には何が起こるか分かりません。順調に高い配当を払い続けていた会社が、急に業績悪化して減配、無配になってしまうケースも、ある程度は想定しておくべきでしょう。

もちろん業績悪化が極めて一時的な要因であり、翌期には再び配当が前の水準に戻ると考えられるのであれば、そのまま持ち続けるのも一手ですが、戻らない場合は、その銘柄を入れ替えることも視野に入れる必要があります。

あるいは、株価が急騰した場合も、入れ替えのための売りを検討したほうが良いでしょう。確かに高い配当を受け取り続けるのが、高配当利回り銘柄投資の妙味ではあるのですが、株価が大きく上昇しているのに、敢えてそれを無視する必要はないでしょう。素直に売却してキャピタルゲインを確保するべきです。

ただ、売却したらその分、ポートフォリオに組み入れている銘柄は少なくなりますし、現金比率が高まるため、ポートフォリオの平均的な配当利回りは低下します。**したがって利益を確定したら、その現金を用いて他の高配当利回り銘柄を買う必要があ**

ります。

よって、自分が持てる資金の範囲内で高配当利回り銘柄のポートフォリオが出来た後も、常に新たな銘柄を探して、日々の株価動向と配当利回りをチェックしておく必要があります。

こうして常に候補銘柄を10銘柄、あるいは20銘柄くらい持ち続けていれば、前述したような事情でポートフォリオに組み入れている銘柄を一部、売却せざるを得ない状況になったとしても、スムーズに銘柄を入れ替えることができます。

売り急ぐリスクを軽減し、利益をできるだけ引っ張る

株価が急騰した場合、売却を検討する、と述べましたが、「利を引っ張る」方法として、**「トレーリング・ストップ」**について触れておきましょう。

人は大概、損失を被ることを嫌がります。これは行動経済学のプロスペクト理論でも証明されています。

このような心理が働くため、多くの人は株式投資でほんの少しでも利益が乗ると、利食い売りをして利益を確実なものにしたくなります。反面、含み損が大きくなったとしても、「いつかは値を戻して損失が無くなる」などと考えてしまいます。まさに損失回避バイアスです。

これを繰り返していると、いわゆる「損大利小」になってしまい、いつまで経っても資産を大きく増やせなくなります。コツコツ増やしても、ドカンと1回大きく損をして、これまでの利益をいとも容易《たやす》く失ってしまうのです。投資で資産を大きく増やすためには、**利食い売りをできるだけ我慢して利益を最大化させる**のと同時に、躊躇せずに損切りをする必要があります。

しかし、それが分かっていても、なかなか実行に移せないのが人間の弱いところですが、利食いを出来るだけ先に延ばし、損切りは素早く行うことを、誰でも簡単に出来るようにしたのが、「トレーリング・ストップ」と呼ばれる注文方法です。

一例を挙げれば、それまでの最大儲け幅の20％までの押し目は許容する（売らずに我慢する）が、最大儲け幅の20％を割り込んだら、そこで見切りをつけて利食う、というようなルールです。こうすることによって、最大儲け幅の20％の範囲内ならば、**反転上昇した場合に、持ち続けることができ、その結果、上げ相場から早く降りてしまうのを避けることができます。**

優秀なプロトレーダーは「損は早く切る。儲けは、できる限り上に引っ張る」というやり方を徹底しています。

価格が上昇して高値を更新したときには、その値動きに追従して逆指値注文が切り上げられるため、自動的に利益を伸ばせるというわけです。一方、下げに転じたときは、事前に設定した一定の下げ幅でもって売り注文を執行してくれます。その結果、損小利大を実現できるのです。

ところで、新ＮＩＳＡの枠を利用して高配当利回り銘柄投資をする人たちは、保有銘柄の一部を売却するにあたって、ひとつだけ注意する点があります。

図23　「利をのばす」手法

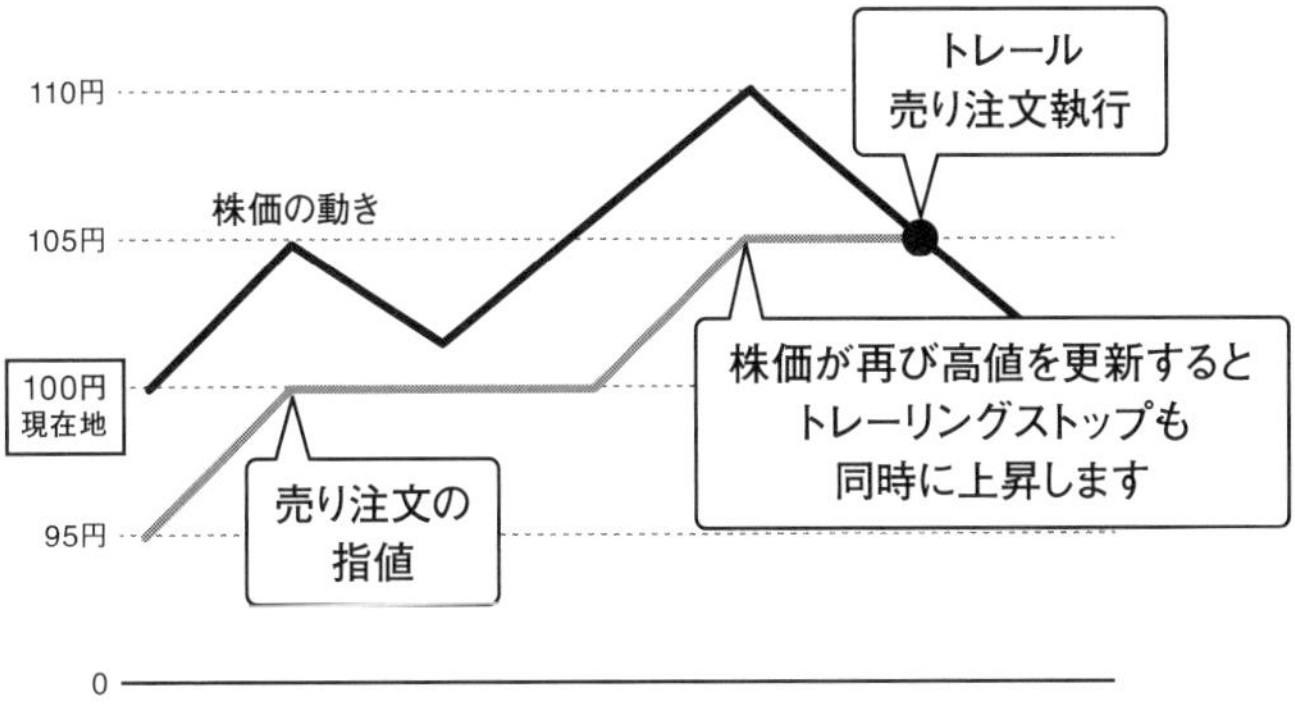

前章で触れましたが、新ＮＩＳＡでは一度、銘柄を売却したとしても、売却した分の枠が復活するという特徴があります。そのため、保有銘柄を利益確定させたとしても、成長投資枠の場合は１２００万円の非課税枠の範囲で新たな銘柄を購入できるのですが、問題は売却した年の翌年にならないと、他の銘柄を買うことができないという点です。

たとえば成長投資枠の１２００万円いっぱいまで買い付けた後、ある年の１月に一部を売却すると、それによって空いた枠を再利用できるのは、その翌年の１月以降になるのです。結果、１年近い期間、枠の再利用ができない空白期間を生んでしまいます。当然、このような空白期間があると、その分だけ運用効率が下がりますし、現金比率が上がる分だけポートフォリオ全体の運用利回りが低下します。

このような場合は、あくまでも次善策ですが、**課税口座で一時的に高配当利回り銘柄を買い付けて、枠が回復するまで運用し続けるという手があります**。配当に課税されてしまいますが、現金のままだと、その配当すら受け取ることができません。そして枠が復活したら、課税口座で保有している銘柄を売却して、成長投資枠の回復した枠で買い付けるか、あるいは課税口座はそのままにして、新規資金で成長投資枠を埋めるかを考えれば良いでしょう。

第6章

有望銘柄31選

配当で選ぶならコレ！

いよいよ本書も最後です。

締めくくりは、銘柄解説です。

日本電信電話（9432） までの14銘柄はトップピック（超推奨銘柄）です。**キャリアリンク（6070）** 以降は「今なら投資可能」という期間限定銘柄ですので、時期を見て入れ替えることも前提にご検討ください。

ここでは解説のほか、PBRやROEといった投資指標についても載せています。

こちらについては第2章をご参考ください。

本章を参考にしていただき、ぜひ望む配当生活を実現してください。

8306　三菱UFJフィナンシャル・グループ

株価（1/10）	1,260円	PER（予）	—倍
時価総額	155,455億円	PBR（実）	0.82倍
ROE（実）	6.52%	配当利回り（予）	3.25%
ROA（実）	0.29%	自己資本比率	4.5%

年4%、5%という高い配当利回りではありませんが、それでも2023年12月時点では3.4%前後の配当利回りです。グローバルに活躍している大金融機関ですが、それでもPBRが0.82倍と、株価的にも割安水準で推移しています。

銀行の良いところは業績の拡大余地が大きいことです。これから日本はインフレが定着していくと思われますが、一方で低い金利水準が続けば、名目金利からインフレ率を引いた実質金利はマイナスになります。マイナス金利は運用側にとって不利ですが、資金調達側からすれば非常に有利です。なぜなら、お金を借りるほど利益が得られることになるからです。

現在、不動産投資が活況を極めていますが、これはお金を借りてでも何かに投資したほうが、金利面で有利な状況にあるからです。結果、銀行の貸出が大きく伸びています。したがって、銀行のようにお金を貸す側からすれば、今は非常にビジネス環境が好転していると言えます。

三菱UFJ銀行は財閥系なので、経営も非常に安定しています。加えて業績の拡大余地が大きければ、年3.3%前後という、ある程度高めの配当利回りに加えて、株価の値上がりも期待できます。

8053 **住友商事**

株価（1/10）	3,189円	PER（予）	7.8倍
時価総額	39,004億円	PBR（実）	0.89倍
ROE（実）	16.20%	配当利回り（予）	3.92%
ROA（実）	5.74%	自己資本比率	37.4%

財閥系商社の一角。コロナ禍で世界的に物流が停滞するリスクが高まったことから、2020年4月には1114円まで下げていた同社の株価ですが、2023年11月には一時、株価は3311円まで値上がりしました。2024年1月時点でも3000円台を維持していて、それでもPERは7.8倍、PBRは0.89倍と割安。しかも配当利回りは3.92%と高めの水準で推移しています。

商社の魅力は、大投資家と目されるウォーレン・バフェット氏が、90歳の誕生日だった2020年8月30日に、日本の大手総合商社5社の株式を、各社の時価総額の5%程度取得したことを発表したことで、国内外に知られたといっても良いでしょう。

バフェット氏が日本の商社株に投資した理由として考えられるのは、日本株の株価水準そのものが割安であることや、そのなかで商社株は、住友商事がそうであるように、PER、PBRの水準がまだまだ割安であること、2022年から急速に進んだ円安によって、米ドル建てで見たときの投資金額が少なく済み、かつ米国外の資源・エネルギーに対するエクスポージャーが狙えるといった点などが、理由として考えられます。財閥系企業という安心感も、長期保有するうえでの好材料です。

8252　丸井グループ

株価（1/10）	2,504円	PER（予）	19.8倍
時価総額	5,225億円	PBR（実）	1.88倍
ROE（実）	8.46%	配当利回り（予）	4.03%
ROA（実）	2.28%	自己資本比率	25.6%

2024年1月時点の配当利回りは4.03%と高い銘柄です。株主還元に対する意識の高い企業としても注目されています。

優良企業の定義というと、昔は売上をどんどん上げて利益を増やす企業というのがすべてでした。正直、利益さえ上げていれば、多少ブラックな企業でも「優良企業」とされたのです。

しかし、今はもうそのような企業は優良企業と呼ばれません。大事なのは企業の理念です。ビジョンやパーパスという言葉が多用される時代です。要するに、その企業が、この社会に存在する意義は何か、ということが問われるようになりました。

そのような時代背景のなかで、丸井グループは人的資本、従業員の幸福度、ウェルビーイングなどさまざまな観点から「優良企業」として認められています。

PER19.8倍、PBR1.88倍は、同業他社の水準からすると決して割安だとは言えませんが、前述したようにさまざまな観点から優良銘柄と見られている点が非常に重要です。なぜなら、このような企業には機関投資家からの買いが入りやすいからです。近年、機関投資家が投資する際には、ESGが極めて重要視されています。逆に、それを視野に入れていない企業には投資資金が向かいにくい状況にあります。それだけに、理念という点で優良企業の同グループには期待が集まります。

8593　**三菱HCキャピタル**

株価（1/10）	977.8円	PER（予）	11.7倍
時価総額	14,343億円	PBR（実）	0.84倍
ROE（実）	8.19%	配当利回り（予）	3.78%
ROA（実）	1.10%	自己資本比率	14.3%

三菱 UFJ フィナンシャル・グループのリース会社。日立キャピタルと2021 年 4 月に統合し、リース業界首位級です。時価総額順位は同業18 社中 1 位です。

この会社は連続増配企業で注目されています。日本の連続増配企業といえば花王が有名ですが、近年、いささか業績がよろしくないこともあり、連続増配年数で 3 位の三菱 HC キャピタルに注目が集まっています。2023 年 3 月決算時点で 24 期連続増配。2024 年 3 月も増配されれば 25 期連続ですから、四半世紀にもわたる増配です。

連続増配銘柄には総じてリース会社が多く見られます。それはリースが基本的に長期契約になっているため、収益の安定度を高めやすいというメリットがあるからです。

特に近年、マイナス金利によってお金を借りてでも運用したほうが有利な状況が続いています。その恩恵をフルに享受している業態といっても良いでしょう。しかも、連続増配銘柄は必ずしも、高配当利回り銘柄であるとは限りませんが、同社の場合、配当利回りが 3.78%あり、決して低い方ではありません。PER11.7 倍、PBR0.84 倍というように、株価自体もまだまだ割安水準にあります。今後、PBR1 倍割れ企業に対して、その改善に向けた方針や具体的な取り組みの開示が要請されていく段階で、株価の上昇も期待できます。

9433　KDDI

株価（1/10）	4,655円	PER（予）	14.7倍
時価総額	107,191億円	PBR（実）	1.89倍
ROE（実）	13.41%	配当利回り（予）	3.01%
ROA（実）	5.89%	自己資本比率	43.0%

総合通信大手の一角で、2023年3月期決算で21年連続増配を達成しました。2023年1月17日の直近安値3825円から順調に株価も切り返し、同年9月20日には4767円まで上昇してきています。

配当利回りは2024年1月時点で3.01%。大手通信会社の高配当利回り銘柄としては、日本電信電話もありますが、KDDIのほうが若干高めで推移しています。ちなみに同時期のNTTの配当利回りは2.83%前後です。

売上高が5兆円を大きく上回る規模を持っているため、中小ベンチャー企業のように2ケタ増収、2ケタ増益は期待できませんが、通信会社は社会インフラを担っている企業なので、高い経営の安定性が期待されます。それと同時に、5G通信やDX（デジタルトランスフォーメーション）、再生エネルギー、金融など、事業の多角化も進めています。大幅増益はないものの、2023年3月期決算は過去最高純利益を更新しているなど、事業の安定性と成長性のバランスが非常に良い企業のひとつと言っても良いでしょう。

PER14.7倍、PBR1.89倍は、日本電信電話に比べてやや割高ですが、配当利回り3%台を安定的に、長期的に獲得していくという投資戦略には向いている銘柄です。

4502　**武田薬品工業**

株価（1/10）	4,312円	PER（予）	72.4倍
時価総額	68,233億円	PBR（実）	0.96倍
ROE（実）	5.27%	配当利回り（予）	4.36%
ROA（実）	2.34%	自己資本比率	45.5%

2024年3月期に、15年ぶりに増配する方針を打ち出しました。同社はアイルランドの製薬会社大手、シャイアー社を約6兆8000億円で買収したのが2019年のこと。これによって同社は世界有数のメガファーマになったのですが、財務内容が大幅に悪化しました。それがようやく改善へと向かい、株主還元の拡充に向けて動き出したところです。

2023年9月15日につけた4873円の株価が目先高値で、2024年1月10日時点では4300円前後まで調整しています。株価はまだ株主還元の拡充を織り込んでいないように見えるのですが、配当利回り狙いの投資戦略を考えるのであれば、むしろ株価が反応していないほうが良いでしょう。12月時点の配当利回りは4.36%と非常に魅力的です。

PERは72.4倍と割高ですが、PBRは0.96倍と1倍割れになっています。

気になるのが業績悪化懸念です。2024年3月期は、コロナワクチン収入が無くなるのと共に、好採算のADHD薬が後発品の参入によって後退するなど減益要因が重なり、売上高減に加えて純利益が大幅に減少する見込みです。足元の業績悪化が株主還元の拡充にどのような影響を及ぼすのかを、慎重に見極めたいところです。

5401　日本製鉄

株価（1/10）	3,338円	PER（予）	7.3倍
時価総額	31,722億円	PBR（実）	0.67倍
ROE（実）	18.15%	配当利回り（予）	4.49%
ROA（実）	7.58%	自己資本比率	43.7%

粗鋼生産量で国内1位、世界で4位の大企業です。コロナショックの最中、2020年4月23日の安値が798円でしたが、2023年9月20日には3816円の高値をつけています。

以来、株価はほぼ下がらず、高値追いの状態が続いているものの、2024年1月時点においてPERは7.3倍、PBRは0.67倍と割安な状態が続いています。つまり利益や純資産に比してマーケットでの評価がまだ低い状態にあり、配当利回りは4.49%と高い水準にあります。

業界再編が続くなか、12月6日には米鉄鋼大手のUSスチールを総額約2兆円で買収することを発表。大口顧客であるトヨタ自動車などを相手取り、特許権侵害訴訟を提起するなど、アグレッシブな経営が目立っています。

そうした経営スタンスのひとつが値上げです。業界再編で過剰設備の集約が進み、値上げしやすい環境になってきました。適正価格でなければ安定供給ができないと、大手自動車メーカーを相手に交渉して、値上げを実現し、収益力も高まってきています。結果、2023年3月期まで2期連続の過去最高益を更新してきました。

配当利回りから見れば、高配当利回り銘柄投資の対象ですが、業績を見ると株価の高値追いがさらに見込めるなど、キャピタルゲインも期待できます。

2503　キリンホールディングス

株価（1/10）	2,119円	PER（予）	15.2倍
時価総額	19,368億円	PBR（実）	1.54倍
ROE（実）	11.85%	配当利回り（予）	3.26%
ROA（実）	4.43%	自己資本比率	38.5%

おなじみ、キリンビールを筆頭にしたビール類のシェアで国内首位級の会社です。配当利回りは2024年1月時点で3.3%前後。

特に直近では、コロナ明けの経済再開によるビール需要の大幅な回復や、ビール、チューハイの値上げ効果も寄与して、酒類が増収になっています。また、北米市場における清涼飲料水も値上げが浸透してきており、業績に大いに貢献しています。

加えて、同社の特筆すべき点は、健康経営に力を入れている点です。

健康経営とは、社員の健康促進を通じて、健康保険組合の財政の適正化や医療費抑制への貢献を推し進めるのと同時に、社員を企業にとって重要な財産と捉える人的資本経営を実践することが、企業としての競争力を高めるという理念に基づいた、経営理念のひとつです。

現在、同社は、こうした健康経営の理念に賛同した企業、290社で構成された「健康経営アライアンス」での活動を展開していますが、健康経営は株式市場でも注目テーマのひとつであり、それを標榜・実践することが、機関投資家などから投資先として選ばれる重要な要素のひとつになっています。

2914　**日本たばこ産業（JT）**

株価（1/10）	3,800円	PER（予）	14.5倍
時価総額	76,000億円	PBR（実）	1.72倍
ROE（実）	13.94%	配当利回り（予）	4.95%
ROA（実）	7.19%	自己資本比率	54.1%

高配当利回り銘柄の代表格です。何しろ配当利回りが2023年12月末時点で5.16%もありました。日本においてたばこ製造を独占している企業ですが、折からの健康ブームや嫌煙の影響によって日本国内での売上は縮小傾向にあります。

しかし、1999年の米国RJRインターナショナルを皮切りに、2007年には英国のギャラハーを買収するなど、海外企業のM&Aを積極的に展開した結果、売上の73%を海外が占めるまでになっています。かつ過去最高益も更新しています。

日本をはじめ先進国では、嫌煙への動きからたばこ産業は下火ですが、新興国などではまだまだたばこに対するニーズが強く、それが海外市場での売上の伸びにつながっています。また嫌煙に対する動きが強い日本国内においても、加熱式たばこは堅調に推移していますし、たばこだけでなく飲料、食品、医薬品の各事業も展開しており、堅調な業績を維持しています。

たばこメーカーというと、あまり良いイメージはないと思います。ESG的にはどうなのだという声もありそうですが、好業績、高配当利回りという点からすれば、少なくとも投資対象として見た場合の魅力は高いといえます。

7272　**ヤマハ発動機**

株価（1/10）	1,297.5円	PER（予）	7.3倍
時価総額	13,632億円	PBR（実）	1.12倍
ROE（実）	18.73%	配当利回り（予）	3.72%
ROA（実）	8.69%	自己資本比率	45.9%

PERが7.3倍と非常に割安に評価されている企業ですが、売上高、利益とも堅調に推移しており、連続で最高益を更新。それに伴い2021年12月期から2023年12月期まで3期連続の増配を行っています。

業績が底堅く推移しているのは、新興国での売上が順調に伸びているからです。同社の海外売上比率は93%を占めており、なかでも新興国の占める比率が9割にも達しています。このうち、アジアの占める比率が7割です。

国別で見ると、ベトナムがやや不調ですが、タイは過去のピークを回復しており、さらにインドネシア、フィリピンが続いています。

さらにこれから注目されるのがインドです。ヤマハ発動機もインド市場にこれから注力していく方針を打ち出しています。インド経済はこれから人口の伸びが大いに期待できるのと同時に、経済成長率の高さでも注目されます。このインド市場で大きなシェアを取れれば、業績にとっても大きく貢献するものと思われます。

配当利回りは3.72%なので、突出して高いというわけではありませんが、新興国、とりわけ今後のインド市場での伸び率という点からすると、企業の成長に伴う株価の上昇も期待できそうです。

5201　AGC

株価（1/10）	5,334円	PER（予）	19.6倍
時価総額	11,598億円	PBR（実）	0.77倍
ROE（実）	-0.23%	配当利回り（予）	3.94%
ROA（実）	-0.12%	自己資本比率	49.4%

低 PBR 銘柄のひとつ。2024 年 1 月時点の PBR は 0.77 倍です。世界最大手のガラスメーカーで、数多くのトップクラスシェアの製品を有している優良企業ですが、需要の成長率が鈍化し、かつ競合企業の生産力アップで液晶用ガラスの収益が急減速。2011 年度から 2014 年度まで 4 期連続の減益となりました。

しかし、同社は既存事業を深掘りする守りの経営と、新規事業を探索する攻めの経営を両立させています。具体的には、板ガラスという既存の事業で利益を出しながら、医薬品という新規事業を育てるといったものです。これは米国スタンフォード大学のチャールズ・A・オライリー教授が提唱する「両利きの経営」実践企業として、授業のケーススタディにも使われています。

2022 年 12 月期は大規模な減損損失が生じたことによって、当期純利益がマイナスになりましたが、2023 年 12 月期は黒字転換を果たしています。なお、2022 年 12 月期は当期純利益が赤字になったものの、1 株につき 210 円の配当は維持されました。2024 年 1 月の配当利回りは 4%程度です。

8804 **東京建物**

株価（1/10）	2,221円	PER（予）	10.3倍
時価総額	4,646億円	PBR（実）	0.97倍
ROE（実）	9.98%	配当利回り（予）	3.29%
ROA（実）	2.55%	自己資本比率	25.9%

不動産大手の一角。インフレ関連銘柄として注目されています。日本の消費者物価指数（生鮮食品及びエネルギーを除く総合）の前年同月比を見ると、2022年12月から2023年11月まで12か月連続で3%を上回っています。

こうしたなか、インフレの浸透や金利の上昇、内需回復によって恩恵を受けやすい企業が注目されています。そのひとつが東京建物などの不動産業界です。何しろ土地はリアルアセットですから、インフレによって物価が上昇すれば、不動産価格も上昇しやすくなります。東京建物の業績も、売上高、当期純利益ともに増収増益となっています。

また、東京建物以外の不動産会社、たとえば野村不動産や三菱地所の株価も、2023年に入ってから年初来高値を更新してきました。不動産会社の株式は、インフレに勝てる銘柄なのです。

こうした不動産会社のなかで東京建物は、2024年1月の配当利回りが3.29%と高く、かつPBRは0.97倍であり、株価は割安です。またタイ東部のチョンブリ県で住宅開発を行ったり、インドネシアで現地合弁会社を子会社化したりするなど海外展開も行っています。

4452　**花王**

株価（1/10）	5,962円	PER（予）	67.6倍
時価総額	27,777億円	PBR（実）	2.79倍
ROE（実）	8.88%	配当利回り（予）	2.52%
ROA（実）	5.02%	自己資本比率	56.3%

連続増配銘柄の代表格です。配当利回りは2024年1月時点で2.52%と、他の高配当利回り銘柄に比べると見劣りしますが、同社の凄い点は、2023年12月期で150円配当を実現させると、34期連続増配を達成することです。34期連続増配銘柄は花王以外にありません。

株価はあまり芳しくありません。業績が非常に厳しく、売上は伸びているものの、大幅減益が続いたからです。2020年12月期の当期純利益は1261億4200万円でしたが、2023年12月期は410億円まで減少する見通しです。その結果、株価は2018年10月2日に9387円の高値を付けましたが、2022年3月14日には4663円まで下落しました。

ただ、ここからは徐々に風向きが変わる可能性があります。業績が厳しいなか、同社はリストラをはじめとする構造改革を進めており、600億円もの構造改革費用も計上してきましたが、その効果がようやく見え始めています。また、原材料の価格上昇も業績面にネガティブな影響を及ぼしていましたが、ようやく製品価格への転嫁も進み始めてきました。もともとブランド力の高い企業なので、ここから先の展開に注目です。

9432 **日本電信電話**

株価（1/10）	176.9円	PER（予）	12.0倍
時価総額	160,184億円	PBR（実）	1.62倍
ROE（実）	14.40%	配当利回り（予）	2.83%
ROA（実）	4.93%	自己資本比率	33.8%

配当利回りは2024年1月時点で2.83%ですから、特段、高いというわけではありませんが、連続増配銘柄として注目できます。分割調整後の配当金額の推移を見ると、据え置かれた年度もありますが、2010年3月期の1.2円から増加傾向をたどり、2023年3月期は4.8円です。また2024年3月期は5円に増配される予定です。

子会社であるNTTドコモは通信単価が下げ止まり、解約率も低いことが奏功して最高益を更新しています。

何しろ日本最大の通信会社ですから安定度は抜群です。地域電話は独占状態にありますし、NTTドコモの携帯電話事業、光回線でも高いシェアを握っています。こうしたガリバー企業になると、競合他社が出てきたとしてもシェアが逆転するケースは極めてまれで、かつ価格の支配力も持ち得ます。したがって会社が倒産するリスクは非常に低く、収益も安定しているため、配当も着実に支払われると考えられます。

ちなみにマネックス証券はNTTドコモと資本業務提携を結んでおり、9600万人いるdポイントの会員基盤を用いて、新しい資産形成サービスの提供も期待されているところです。

6070　**キャリアリンク**

株価（1/10）	2,451円	PER（予）	13.7倍
時価総額	309億円	PBR（実）	2.26倍
ROE（実）	52.62%	配当利回り（予）	4.90%
ROA（実）	29.78%	自己資本比率	61.5%

2024年1月の配当利回りが4.90%という高配当利回り銘柄です。官公庁や大企業向けのBPO（業務プロセスのアウトソーシング）や大規模コールセンター向けの人材派遣をビジネスの柱としています。

2024年3月期の業績は大幅な減益予想となっており、発表後の株価は急落しましたが、その後、徐々に株価は持ち直し、2023年11月の急落分を埋めようとしているところです。

それでも配当利回りが4.90%と高く、PERも13.7倍と割安な水準にあります。確かに2024年3月期の業績下方修正はネガティブな材料ではありますが、長期的に同社の経営環境を考えると、これからは日本が深刻な人手不足になっていくため、必然的にBPOや人材派遣ビジネスに対するニーズが高まっていくはずです。その意味ではむしろ、株価が急落した後の配当利回りが高い現在は、長期的に高い配当利回りを享受していくうえで絶好の買いチャンスといっても良いでしょう。

5192 **三ツ星ベルト**

株価（1/10）	4,645円	PER（予）	18.6倍
時価総額	1,514億円	PBR（実）	1.39倍
ROE（実）	8.11%	配当利回り（予）	5.38%
ROA（実）	5.88%	自己資本比率	72.0%

2024年1月の配当利回りが5.38%の高配当利回り銘柄です。この銘柄に注目したのは、「ニッポン・アクティブ・バリュー・ファンド」を運用している、ダルトン・インベストメンツというアクティビストが、同社に投資しているからです。

株主提案を積極的に行った結果、配当性向を100%に引き上げるなど、株主への利益配分を強化するための中期経営計画の見直しも発表しています。

この株主提案の影響で、2023年9月にかけて株価が急騰しました。ただ、柱となる自動車用ベルトが、顧客である自動車メーカーの在庫調整によって、特に海外での伸びが鈍化するなど減益要因があり、2024年3月期は一転、減益予想を出しています。

また、配当性向の100%方針は2024年3月期までで、2025年3月期においては60%強に下げられる可能性もあります。予想される配当は、2024年3月期の250円に対して、154～168円と見られています。仮に2023年12月末の株価に対して、168円の配当金だと、配当利回りは3.83%になります。

6915　千代田インテグレ

株価（1/10）	2,881円	PER（予）	12.9倍
時価総額	335億円	PBR（実）	0.79倍
ROE（実）	7.38%	配当利回り（予）	3.82%
ROA（実）	5.78%	自己資本比率	79.0%

自動車の外装・内装部品やOA機器、AV機器、通信機器、家電機器、アミューズメント機器などの部品を幅広く製造している会社です。前ページの三ツ星ベルト同様「ニッポン・アクティブ・バリュー・ファンド」を運用している、ダルトン・インベストメンツというアクティビストが投資しており、株主提案で株主還元の向上を言われています。

それを受けて、2022年6月には自己株式の取得を公表しており、株式需給の改善や実質的な1株あたり利益の増加を期待する買いが集まっています。株価は2020年3月17日の1360円を直近底値にして、着実に上昇しており、2023年12月4日には3120円をつけました。

とはいえ、株価的にはまだ割安感があります。PBRは1倍割れの0.79倍ですし、PERも12.9倍で、配当利回りは3.82%です。配当金の推移を見ると、2020年12月期が70円、2021年12月期と2022年12月期は120円であり、2023年12月期については110円の予想です。

6651 日東工業

株価（1/10）	3,790円	PER（予）	20.2倍
時価総額	1,533億円	PBR（実）	1.38倍
ROE（実）	5.47%	配当利回り（予）	4.96%
ROA（実）	4.21%	自己資本比率	74.6%

電機・電子機器の収納を目的とするキャビネット、プラボックス、情報通信機器やFA・制御機器などを収納するのに用いるシステムラック、ブレーカー、配電盤などを製造している会社です。キャビネットではトップ。配電盤でも大手で、製販一貫体制を敷いています。

その他、電気自動車の充電器、太陽光パネルなども展開しており、これからのエネルギー事情に即した製品を取り揃えています。それだけに今後の成長にも期待したいところです。

株価は2023年9月に3985円の高値を付けた後、2023年中は調整局面が続きました。そのなかで配当利回りは2024年1月時点で4.96%ですから、かなり高い水準です。

2019年3月期の配当金は40円で、以降、2020年3月期が60円、2021年3月期が66円、2022年3月期が50円と推移して、2023年3月期が145円、2024年3月期は188円の予想です。現在の配当金の水準を維持できるかどうかは、今後の業績にも関わってくる問題ですが、原材料価格が上昇するなか、製品価格の値上げも予定されており、その点はポジティブです。2024年3月期までは配当性向目標100%を提示していますが、その後の方針は未定です。

7239　**タチエス**

株価（1/10）	1,885円	PER（予）	80.7倍
時価総額	664億円	PBR（実）	0.74倍
ROE（実）	7.60%	配当利回り（予）	4.92%
ROA（実）	3.54%	自己資本比率	47.3%

自動車向けシートの大手。開発から製造までを行う一貫メーカーです。現在は12カ国、65拠点のグローバルネットワークを有し、製品やサービスの提供を行っています。国内ではホンダ、日産向けを主力にしています。

2021年3月期、2022年3月期は営業赤字に転落。2023年3月期は13億6700万円の営業黒字に回復し、2024年3月期は60億円の大幅増益が見込まれています。中国向けは低調ですが、日本や中南米向けの需要が回復して数量が上振れし、好業績につながっていますが、北米や欧州、中国、東南アジアなど他地域でも黒字化が見込まれています。

配当金は2022年3月期が63.6円、2023年3月期が73.6円と増額傾向。2024年3月期はDOEで4.0%を目標にしており、それによると配当金は92.8円に増配される見通しです。

結果、配当利回りは2024年1月時点で4.92%と高い水準になっていますが、PERが80.7倍とかなり高めである点が気になります。とはいえ、現時点で5%前後の配当利回りが得られる点を考えれば、投資する価値は十分にあると考えます。

5406 **神戸製鋼所**

株価（1/10）	1,936円	PER（予）	6.4倍
時価総額	7,673億円	PBR（実）	0.75倍
ROE（実）	8.39%	配当利回り（予）	4.65%
ROA（実）	2.59%	自己資本比率	31.8%

鉄鋼業界国内3位。2020年3月期には営業利益が大幅減益。経常利益と当期純利益が赤字に転落して無配になりましたが、2021年3月期には黒字転換して復配。その後は売上、利益ともに大幅に増加しました。

また2024年3月期は大幅増益となりますが、これはグループ2社の土地売却による特別利益の計上によるものです。そのため配当金は、2023年3月期の40円から、90円に大幅増配となりますが、特別利益は2024年3月期のみの特殊事情なので、2025年3月期までの見通しを考えると、通常なら配当金は減額されると見たほうが無難でしょう。

それでも、2024年1月時点の配当利回りは4.65%と高めです。同業他社の日本製鉄の配当利回りが同日で4.49%ですから、それよりも若干、高めの配当利回りが期待できます。

大手製鉄会社の一角を担っており、売上高、利益の水準も非常に大きく、経営の安定性は高いと思われます。大会社であるのは事実ですが、PERが6.4倍、PBRが0.75倍というように株価的には割安であり、ここから大きく売り込まれる可能性も小さいと考えられます。

4544　HUグループホールディングス

株価（1/10）	2,775円	PER（予）	—倍
時価総額	1,595億円	PBR（実）	1.05倍
ROE（実）	10.81%	配当利回り（予）	4.50%
ROA（実）	5.36%	自己資本比率	50.3%

臨床検査薬大手の富士レビオと受託臨床検査首位のSRLが統合して発足した会社です。2024年3月期は、新型コロナ検査関連が急減したことや原材料価格の高騰、減価償却増などによって大幅な減収減益予想となっています。

いわゆるヘルステック関連銘柄ということになるのですが、この分野は日本で超高齢社会がより深刻化していくなかで、今後も市場拡大が大いに期待できる分野でもあります。業務提携も進めており、連結子会社の富士レビオHDとシスメックスが免疫検査領域における研究・開発、生産、臨床開発、販売など多面的な協業の強化に合意しました。

2024年3月期は減収減益の影響で、当期純利益はゼロになりますが、1株につき125円の配当金は維持される見通しです。配当利回りは2024年1月時点で4.50%と高く、株価も2023年10月に2404円という直近安値を付けたのち、徐々に上昇トレンドをたどっており、2024年1月10日には2775円まで戻してきました。

8130　サンゲツ

株価（1/10）	3,215円	PER（予）	14.2倍
時価総額	1,903億円	PBR（実）	1.88倍
ROE（実）	15.26%	配当利回り（予）	4.20%
ROA（実）	8.97%	自己資本比率	58.2%

インテリア商社です。ハイテクとは全く無縁のビジネスですが、人々の生活に直結しており、その意味で堅実な商売とも言えます。原材料費や物流費の高騰や積極採用の影響によって負担が重くなったようですが、2024 年 3 月期の利益が微減にとどまっています。

過去 5 期分の配当金の推移を見ると、着実に増配を続けていることが分かります。2019 年 3 月期は 56.5 円だったのが、徐々に増えて、2024 年 3 月期は 135 円の予定です。

また、女性の管理職を増やしているという点も注目されます。近年、女性活躍社会の観点から、女性管理職の人数を有価証券報告書に記載するという話もあるくらいで、日本のジェンダー格差がひどいと言われるなか、会社を挙げて女性管理職を増やそうという試みも注目されるところです。特に同社の場合、インテリアや壁紙、カーテンなどを扱う会社でもあるので、女性の活躍余地は非常に大きいとも考えられ、その点からも企業評価が高まっていく可能性があります。

株価は2023年に入って大きく伸びてきており、過去最高値圏で推移していますが、それでも配当利回りは 2024 年 1 月時点で 4.20%となっています。

1833　**奥村組**

株価（1/10）	4,785円	PER（予）	14.8倍
時価総額	1,850億円	PBR（実）	0.99倍
ROE（実）	6.64%	配当利回り（予）	4.70%
ROA（実）	3.33%	自己資本比率	50.0%

関西を地盤にした中堅ゼネコンです。免振技術やトンネル工事に強みを持っているのと同時に、バイマス発電事業も展開しています。台湾の地下鉄工事や国内大型物流倉庫なども受注しています。

ゼネコンという成熟産業であることから、高い成長率は期待できませんが、売上はわずかずつ上向いています。配当金も2021年3月期こそ140円まで減配していますが、その後は徐々に上向き、2024年3月期は225円を配当する予定です。

同社のもうひとつの注目点は、モノ言う株主の存在です。スコットランドにあるシルチェスターという老舗運用会社が奥村組に投資しており、今後はさまざまな形で対話を重ねていくことになると思われます。それによって経営の非効率な部分や、株主還元に関する対話を通じて、より良い経営に改善されていく可能性も十分に考えられます。

テレビCMを積極的に打っている点にも注目したいところです。残業規制など建設業界にも2024年問題があり、人手不足も相まって経営の足を引っ張る恐れがあるものの、こうしたテレビCMで好感度を上げることにより、人材の確保を進めようとしています。

配当利回りは2024年1月時点で4.70%あります。PERは14.8倍、PBRは0.99倍と比較的割安です。

7198 SBIアルヒ

株価（1/10）	861円	PER（予）	14.9倍
時価総額	385億円	PBR（実）	0.94倍
ROE（実）	8.73%	配当利回り（予）	4.65%
ROA（実）	1.88%	自己資本比率	22.0%

住宅ローン提供会社でSBIグループ傘下です。業績はあまり良くありません。2021年3月期の売上高268億2100万円、当期純利益51億7700万円から減収減益が続いており、2024年3月期は売上高が210億円、当期純利益が20億5000万円の予想となっています。

同社が扱っている住宅ローンは、おもに固定金利型住宅ローンである「フラット35」で、その販売で国内首位です。これまで売上、利益ともに冴えない状況が続いたのは、固定金利型住宅ローンと変動金利型住宅ローンの金利差が大きく、より金利の低い変動金利型住宅ローンに人気が集まっていたためと考えられます。

しかし、これから金利が本格的に上昇するようになれば、徐々に返済負担が重くなる変動金利型住宅ローンに対し、固定金利型住宅ローンの注目度が高まることも考えられます。金利が上昇すると、銀行や生命保険会社のような金融機関の業績が上向きますが、住宅ローンを扱っている同社も、金融機関の一種として注目される可能性が高いとも言えるでしょう。ちなみに配当利回りは2024年1月時点で4.65%もあるので、高配当利回り銘柄投資の候補としては十分です。

4668　**明光ネットワークジャパン**

株価（1/10）	785円	PER（予）	24.1倍
時価総額	218億円	PBR（実）	1.80倍
ROE（実）	7.42%	配当利回り（予）	4.33%
ROA（実）	5.18%	自己資本比率	70.9%

中核となるのが明光義塾という個別指導塾です。現在、個別指導塾市場は学習塾予備校市場の約4割を占めると言われています。明光義塾は全国47都道府県に教室を展開しています。また学童保育事業の運営受託も伸び、さらに授業料の値上げが寄与し、2024年8月期は増収増益予想です。

また配当金は2020年8月期の30円から2021年8月期は20円に減配されたものの、徐々に回復基調をたどっています。2024年8月期は34円が予定されていますが、これは記念配込の数字なので、2025年8月期はやや減配されることを前提に考えておく必要があります。

ただ、いささか懸念されているのが少子化の影響です。加えて最近は教育系ユーチューバーが非常に分かりやすい勉強のコンテンツを提供していたりもするため、塾の存在価値が改めて問われる時期に来ているのも事実です。

こうした状況に同社がどう対応していくのか、という点に注目しています。最近では、かつての日本と同じように激烈な受験戦争を展開している韓国での教育事業に乗り出すことを検討するなど、教育を軸にして事業領域を広げようとしています。

5857　AREホールディングス

株価（1/10）	1,987円	PER（予）	11.5倍
時価総額	1,584億円	PBR（実）	1.28倍
ROE（実）	10.31%	配当利回り（予）	4.53%
ROA（実）	3.73%	自己資本比率	37.2%

貴金属リサイクル事業と環境保全事業を柱としている会社です。

環境保全事業としては、教育機関や研究施設で不要となった薬品の回収と適正処理、工場などから出る廃油のリサイクル、医療機関等から排出される感染症廃棄物の焼却処分と最終処理などを行っています。

ユニークなのは貴金属リサイクル事業で、なかでも注目されるのはパソコンやスマートフォン、家電製品に使われている電子基板に含まれている金、銀、パラジウムを取り出して貴金属リサイクルを行う事業です。いわゆる「都市鉱山」と言われているもので、金価格が上昇しているなかで成長が期待されます。

当期純利益は2021年3月期の257億2500万円が最高益で、2024年3月期は132億円の見通しです。減益基調ではありますが、売上高は堅調に伸びています。配当金は2022年3月期の90円から横ばい続きですが、配当利回りは2024年1月時点で4.53%となっています。PERは11.5倍と比較的割安水準で推移しています。

2461　ファンコミュニケーションズ

株価（1/10）	405円	PER（予）	21.6倍
時価総額	312億円	PBR（実）	1.53倍
ROE（実）	8.18%	配当利回り（予）	4.69%
ROA（実）	6.33%	自己資本比率	74.9%

アフィリエイト広告で大手の会社です。業績推移を見ると、2022年12月期の売上高が前期の267億円から77億3700万円まで大幅減となっていますが、これは「収益認識に関する会計基準」の適用によるものなので、利益については微減にとどまっています。

2023年12月期は売上、利益ともに微減。ただ配当金は19円を維持しています。

アフィリエイト広告市場はGoogleなどの例を見ても、徐々に利用者が戻ってきているという話もあるので、これからの回復も十分に期待できそうです。株価は2023年12月29日に権利落ちの影響で大きく下げていますが、2023年8月半ばから順調に値を戻してきていました。

加えて2024年1月時点の配当利回りが4.69%である点も含めて考えると、高配当利回り銘柄投資の候補としては十分な魅力を持っていると言えそうです。

4521 **科研製薬**

株価（1/10）	3,493円	PER（予）	19.6倍
時価総額	1,605億円	PBR（実）	0.94倍
ROE（実）	3.97%	配当利回り（予）	4.29%
ROA（実）	3.28%	自己資本比率	81.9%

旧理研グループ。関節機能改善剤、爪白癬症薬が２本柱。関節機能改善剤は競合商品が終売になったため、同社の製品への切り替え需要が期待されるところ。特に超高齢社会が深刻化していくなかで、高齢者の関節痛などによるニーズが今後、高まっていくと思われます。

売上高はどちらかというと減収が続いており、利益も減少傾向をたどっています。それを受けて株価も厳しい展開が続いており、2015年には高値１万2720円もありましたが、2023年12月18日の安値は3161円です。

正直、株価の推移を見ると買いにくい銘柄のひとつではありますが、配当利回りは2024年１月時点で4.29%もあります。PBRも0.94倍と割安ですし、単なる配当利回り狙いの銘柄と割り切れば、投資できないこともありません。業績は悪いものの、自己資本比率は82%もあり、財務面から見れば倒産リスクは比較的低いと考えられます。また業績の悪化が続いても、配当金は毎期150円を維持しています。

3472　大江戸温泉リート投資法人

株価（1/10）	6,890円	PER（実）	21.95倍
時価総額	162.15億円	PBR（実）	0.73倍
ROE（実）	1.70%	分配金利回り（予）	4.15%
ROA（実）	1.10%	自己資本比率	65.30%

ホテル主体型のリートで、大江戸温泉物語ホテル&リゾーツが運営しているホテルを中心に組み入れて運用している不動産投資法人です。2023年12月、同リートの運用会社である大江戸温泉アセットマネジメントの株式を、アパグループが100%取得したことによって、社名がアパ投資顧問になりました。ファンド名の変更も視野に入ってくると思われますが、今後はアパグループが運営しているホテルも投資対象になっていくでしょう。

配当利回りは2024年1月時点で4.15%。株式のPBRに該当するNAV倍率は2024年1月末時点で、他の上場リートのなかでも最も割安な水準にあります。

またテーマ性が豊富であることも、このリートの魅力のひとつでしょう。サウナブームしかり、あるいはインバウンドの回復もしかりです。特にコロナ禍でホテルの稼働率が大幅に低下した際、同リートは都市部のホテルやインバウンド向け宿泊施設など多様な物件取得を目指していただけに、アパグループにスポンサーが切り替わったことにより、ポートフォリオの内容も徐々に変わっていく可能性があります。

3470　マリモ地方創生リート投資法人

株価（1/10）	123,200円	PER（実）	18.99倍
時価総額	292.26億円	PBR（実）	1.20倍
ROE（実）	3.60%	分配金利回り（予）	5.48%
ROA（実）	1.60%	自己資本比率	45.80%

総合型リートといって、特定の不動産用途の物件に限定せず、さまざまな不動産用途の物件に投資します。

現在、同リートはレジデンス、商業施設を中心にして、ホテル、オフィス、物流施設にも分散投資しています。ちなみにレジデンスと商業施設だけで83.2%を投資しているので、実質的にはこの２つの不動産用途の物件に、収益が大きく影響されると考えて良いでしょう。ちなみに取得している物件は大都市圏だけでなく、日本全国に分散されているので、大地震など特定地域における災害リスクも軽減されています。

分配金利回りは2024年１月時点で5.48%と、上場リートのなかでは２番目に高い水準です。組入不動産の稼働率は98.7%とほぼフル稼働に近い状態であり、今後も安定した分配金収入が期待されます。スポンサー企業は広島に本社を置く、分譲マンション事業や収益不動産事業を営んでいる株式会社マリモです。

正直、スポンサー企業のグレードは、それほど高いようには見えないものの、日本格付研究所（JCR）から「A-安定的」という格付を取得しているので、ファンドの分配金支払は当面、滞る心配はいらないと考えられます。

8975　いちごオフィスリート投資法人

株価（1/10）	83,000円	PER（実）	20.76倍
時価総額	125.609億円	PBR（実）	1.26倍
ROE（実）	3.00%	分配金利回り（予）	4.83%
ROA（実）	1.30%	自己資本比率	44.20%

不動産会社のいちご株式会社をスポンサーにする不動産投資法人で、ファンドに組み入れられているのは、おもに中規模オフィスビルです。投資エリアは都心の主要5区（千代田区、中央区、港区、新宿区、渋谷区）が43.9%、東京23区が24.4%となっています。その他、23区外の東京都、関東地区を合わせると、76%が首都圏になります。組み入れられている物件数は88になります。

分配金利回りは、オフィスを主要投資物件とする不動産投資法人の中では最も高く、2024年1月時点で4.83%です。ちなみにスポンサー企業であるいちごは、不動産物件の価値向上を目的にした大規模修繕に強みを持っています。古くなった物件を壊して新築にするスクラップ&ビルドではなく、既存の建物を活かして、それをリノベーションすることによって、既存の建物を有効活用するという考え方です。

分配金は2012年4月期以降、徐々にではありますが、半年の決算日ごとに増加傾向です。2023年4月期は大幅に増額されていますが、これは組入物件の売却に伴う含み益の還元が行われたからです。

「あとがき」にかえて

本当はここでは、本編で書き残したことなどを少しだけ、補足する目的で書こうと思っていました。でも、書いているうちに、次々と「これはしっかり伝えておきたい」という思いが強くなりました。もしかしたら「ちゃぶ台返し」との誹《そし》りをいただくかもしれない、それでも、これだけはちゃんと言っておきたいと思い、書きました。

「あとがき」風に、裏話から始めれば、実は本書のタイトルを決めるときに、ちょっとした議論がありました。本書のタイトル案のひとつとして「年収300万円から始める配当金生活」という案があがっていたのです。このタイトル案を提示されたとき、僕は開口一番に「タイトルに偽りありだな」と言いました。だってそうでしょう。確かに年収300万円でも株式投資は始められます。それによって配当金を得ることもできます。しかし、その配当金はどう考えても少額です。配当収入で暮らすことなど叶わないでしょう。だったら「配当金生活」は始めようがないのです。「配当金生活」

の定義を、「配当金だけで生活する」というものから、「ちょっとしたお小遣いを得て日々の暮らしの足しにする」というようなものにすれば、可能かもしれません。3章でも触れたように、1万円くらいの配当が入ってきて、ちょっと豪華なディナーに行ったりとか。でも、そんなことが、あなたの本当の望みなのでしょうか。

ネットでは「配当金生活」「不労所得」などのキーワードがヒットされることが多いようです。僕も会社のマーケティング担当者たちに言われるまま高配当株投資についての動画を撮ってYouTubeにアップしたところ、40万回も再生されて驚きました。どういう方々がその動画をご覧になってくれるのか知る由もありませんが、その平均的な視聴者像は、年齢が若く、年収300万円くらいで不労所得に憧れていて、できれば早くにFIREしたいと思っているような人たちではないかと想像します。高配当株投資に興味があるということは「株で一攫千金、億り人になる!」なんて思っていないでしょうから、かなり地道な考えの方です。その点はよろしいと思います。

ここからは、僕が勝手に想像している、若くて配当生活=不労所得に憧れている

「平均的な動画視聴者」の方に向けてのメッセージです。すでに資産を蓄えられてリタイアされているような方を対象にしていませんので、その点、どうぞご理解ください。

「不労所得」に憧れる気持ちも分からないではありません。しかし働かないでそれなりの所得を得るには、キャッシュフローを生み出す資産を相当額、保有しなければなりません。そこまでの道のりは年収300万円から始めるとすると、かなり大変です。

どうすればよいでしょうか。僕の答えは「一生懸命に働くこと」です。本業を頑張って所得を増やし、日々の暮らしは倹約に勤め、所得から投資に回せる部分を可能な限り多く作るのです。

そして、ここが肝心なことですが、前で述べた「所得から投資に回せる部分を可能な限り多く作る」と同じことを投資でも行うのです。投資で得た収益をまた投資に回す、つまり再投資です。配当を得たなら使ってはいけません、全額再投資してください。

投資で資産を形成する原則は、①投資元本を大きくする、②複利効果を最大限享受する、この二つです。

そう考えると、高配当株の個別株投資は投資元本が小さいうちは、難しいと言えます。投資元本が小さいうちは当然得られる配当金の額も小さく、単元株の株式への再投資をしにくいでしょう（2章で紹介したワン株を利用するという手はありますが）。投資信託の再投資コースを利用するのが効率的です。しかし、それでも投信から払われる分配金には税金がかかります。税金を差し引かれたあとの分配金を再投資するのでは、複利の効果が低下します（毎月分配型のファンドが長期の資産形成に向かない理由のひとつでもあります）。

ではNISA口座で高配当株ファンドに投資すれば、この問題は解決するように思えますが、NISA口座で年間の上限まで使い切って投資している場合、分配金の再投資をNISAの枠内ですることはできず、（NISAでない、ふつうに課税される）総合口座で再投資される仕組みです。そうなると再投資分の複利効果はやはり低下してしまいます（全体からすればわずかではありますが）。

極論すれば「分配金を出さないファンド」が再投資の複利効果を高めるには一番よろしいということになります。運用で得た株式の配当をそのままファンドの中で再投資して複利で回していってくれるに越したことはありません。そのようなファンドは「資産成長型」というタイプのものです。これについては123ページで述べました。

ここまでの議論を整理しましょう。

1. 配当金生活を送るにはじゅうぶんなキャッシュフローが得られるだけの資産を形成することが必要。
2. 資産を大きくするには投資のリターンを再投資して長期に複利で運用することが重要。
3. 複利効果を高めるにはリターンの控除要因（≒課税）を避ける。
4. その観点からはファンドは無分配型（資産成長型）が望ましい。

個別株投資についても同じことが言えます。資産形成のためには、配当を払ってほしくない。配当など要らないのです。（あくまで資産形成を目的とする若い人向けの話）。

無配の企業のなかには業績が悪くて配当を出せない企業もあります。さらに性質《たち》が悪いのは、配当を出させるのに意味もなくキャッシュをため込んで株主に還元する気のない無配企業も少なからずあります。そういう無配企業は、もちろん、論外ですが、成長している企業で無配なら魅力的な投資対象です。彼らは成長のための投資案件をたくさん抱えていてお金がいくらあっても足りないのです。投資家に配当でお金を還元する余裕などありません。投資家にしても、期待リターンの高い有望な投資案件があるなら、それに資金を投じてくれたほうがうれしいはずです。現金で配当を受け取っても、またどこかに投資しなければなりません。しかも税金がかかります。

ＧＡＦＡのうちアップルはすでに高還元企業になりましたが、アマゾン、アルファベット、メタは配当を一度も払っていません。それでも投資家は文句を言わず、彼らの株を買い続けて、その時価総額は増加の一途をたどっています。

ＧＡＦＡのような高成長ハイテク企業ではありませんが、あのウォーレン・バフェットさんが率いるバークシャー・ハサウェイも一度も配当を払っていません*。バフェットさんは配当支払いに断固反対で、その理由は税金がかかるからです。「税金をとられないなら、配当を支払うのもいいだろう」と述べています。

こう考えると株式投資の基本は、投資する企業のキャッシュフロー創出能力が第一であるということがわかります。素晴らしいキャッシュフローを稼ぐ力がある企業に投資することがとても大切です。そしてもし、あなたが定期的にキャッシュを得たいなら、稼いだキャッシュを配当で還元する企業を選べばよいし、そうではなく長期的に資産を大きくしていきたいなら、高いリターンが見込める投資案件を抱える無配（あるいは低配当）の成長企業を選ぶべきです。

内部留保について述べた2章でも書いたことですが、企業のペイアウト（配当）政策は企業のライフステージ、すなわち成長段階に応じて柔軟に決めればよいのと同じように、投資家の側も自身のライフサイクルと資産形成の段階に応じて、配当の位置づけを変えることが望ましいと言えます。

この本は高配当株投資の本であります。しかし、「配当生活」「不労所得」に憧れる読者こそ、無配の成長株投資で資産を大きく増やすことを第一に考えてくださいと申し上げたいのです。成長株投資はそんなに簡単ではありません。なぜなら、わかりやすく、かつ確実性の高い「配当」という情報を手掛かりに行う投資ではないからです。投資の原則はハイリスク・ハイリターンです。高いリターンを求めるなら相応のリスクを取る必要があります。繰り返しますが、年収300万円で配当生活したいと思うなら、リスクをとって大きな資産を作ることが先決です。株の配当だけで暮らす真の「配当生活」は、その投資が成功した結果として得られるものです。

「利回り5％配当生活」のタイトルに偽りなしの結論でしょう。

＊「1967年に10セントの配当を払った以降は一度も配当をしていない」とジェレミー・シーゲル『株式投資の未来』に書かれていますが、筆者の手元のEloombergでは確認できませんでした。ちなみに、その配当支払いを取締役役会が決議したとき、バフェットさん本人はトイレに行っていなかったのだと言い張っているそうです。

【著者紹介】

広木　隆（ひろき・たかし）

◉——マネックス証券株式会社 専門役員/チーフ・ストラテジスト。上智大学外国語学部卒。神戸大学大学院・経済学研究科博士後期課程修了。博士（経済学）。社会構想大学院大学教授。国内銀行系投資顧問、外資系運用会社、ヘッジファンドをはじめとするさまざまな運用機関でファンドマネージャーなどを歴任。2010年より現職。

◉——テレビ東京「ニュースモーニングサテライト」、BSテレビ東京「日経プラス9」のレギュラーコメンテーターを務めるなどメディアへの出演も多数。

利回《りまわ》り5%配当生活《はいとうせいかつ》

2024年２月19日　　第１刷発行
2024年３月25日　　第４刷発行

著　者——広木　隆
発行者——齊藤　龍男
発行所——株式会社かんき出版
東京都千代田区麹町4-1-4 西脇ビル　〒102-0083
電話　営業部：03(3262)8011㈹　編集部：03(3262)8012㈹
FAX　03(3234)4421　振替　00100-2-62304
https://kanki-pub.co.jp/

印刷所——ベクトル印刷株式会社

ISBN978-4-7612-7720-8 C0033